Dietrich Bonhoeffer · Lesebuch

Dietrich Bonhoeffer
Lesebuch

Herausgegeben von Otto Dudzus

Chr. Kaiser Verlag
1985

CIP-Kurztitelaufnahme der deutschen Bibliothek
Bonhoeffer, Dietrich:
Lesebuch / Dietrich Bonhoeffer,
Hrsg. von Otto Dudzus. – München : Kaiser, 1985.
(Lese-Zeichen)
ISBN 3-459-01629-9
NE: Bonhoeffer, Dietrich [Sammlung]

Satz und Druck: Franz Spiegel Buch GmbH, Ulm
Umschlag: Reinhard Liedtke – Printed in Germany.

Inhalt

Vorwort 7
Stationen auf dem Wege zur Freiheit. Gedicht 9

I. Zucht 11

Hinführung 11 – Teure und billige Gnade 13 – Der Morgen 15 – Die Verborgenheit des Gebets 18 – Schamlosigkeit 21 – Mit Gott Schritt halten 22 – Durch Christus zum Bruder 24 – Freigeben können 30 – Respekt vor dem Geheimnis des anderen 31 – Gemeinschaft und Einsamkeit 32 – Schweigen 34 – Kirche und Völkerwelt 36 – Feindesliebe 39 – Polyphonie und Mehrdimensionalität des Lebens 42 – Erfülltes Leben trotz unerfüllter Wünsche 45 – Lebensfragment 46 – Zuversicht zum eigenen Werk 47 – Freundschaft 49 – Wer ist Jesus Christus für uns heute? 50 – Erneuerung der Welt 53 – In Freude verwandelte Erinnerung 53

II. Tat 55

Hinführung 55 – Nur der Gehorsame glaubt 57 – Neue Aufgaben 58 – Christus und die Guten 59 – Nach zehn Jahren 61 – Der Menschenverächter 77 – Radikalismus und Kompromiß 80 – Entwurf einer Arbeit 83 – Der Blick von unten 86 – Schuldbekenntnis 87 – Stellvertretung 92 – Schuldübernahme 95 – Das Gewissen 96 – Was heißt: Die Wahrheit sagen? 98 – Gedanken zum Tauftag 106

III. Leiden 115

Hinführung 115 – Konnten wir wissen, daß deine Liebe so weh tut? 117 – Die Seligpreisungen 120 – Nachfolge und Kreuz 128 – Aus dem Tagebuch der Amerika-Reise 130 – Verlorene Jahre? 143 – Vor dem Abstumpfen bewahrt 143 – Teilnahme am Geschick Deutschlands 144 – Dimensionen des Leidens 145 – Gedanken vor einem Gedicht 146 – Wer bin ich? Gedicht 147 – In der Diesseitigkeit des Lebens glauben lernen 148 – Wo behält Gott noch Raum? 150 – Christen und Heiden. Gedicht 152 – Segen und Leid 153 – In Ihm 154 – Sei gesegnet, du von Gott geschaffene Welt 155

IV. Tod 157

Hinführung 157 – Ich bin ein Gast auf Erden 159 – Der fremde und der eigene Tod 160 – Wer begreift die Auswahl? 161 – Ein Nachruf 162 – Vollendetes Leben 164 – Der verwandelte Tod 168 – „Ich bring' alles wieder ..." 171 – Die Freude der Überwinder 172 – Wir leben im Vorletzten und glauben das Letzte 173 – Durch Auferstehung an die Erde verwiesen 174 – Mit dem Tod fertig werden 175 – Von guten Mächten. Ein Brief und ein Gedicht 177/178

Ratschläge zum Weiterlesen 179

Die Texte in diesem *Lesebuch* wurden folgenden Buchveröffentlichungen entnommen:
Ethik, 1985[11]; Gemeinsames Leben, 1985[20]; Gesammelte Schriften 1, 1978[3]; Gesammelte Schriften 2, 1965[2]; Nachfolge, 1985[15]; Predigten, Auslegungen, Meditationen 1 1925–1935, 1984; Predigten, Auslegungen, Meditationen 2 1935–1945, 1985; Widerstand und Ergebung, Neuausgabe 1985[3].

Vorwort

Dies Lesebuch will wichtige Texte Bonhoeffers, die in den bisherigen Veröffentlichungen weit verstreut sind, einer größeren Öffentlichkeit leicht zugänglich machen. Sie sind allen Perioden seiner Wirksamkeit entnommen. Der weitaus größte Teil stammt dabei aus jenen Schriften, die ihn besonders bekannt gemacht haben: *Nachfolge, Gemeinsames Leben, Ethik* und *Widerstand und Ergebung*. In der vorliegenden Zusammenstellung beabsichtigen diese Texte einen Gesamteindruck von Bonhoeffers Person und Werk zu vermitteln.

Gemeinsam ist ihnen fast allen, daß sie ihre Entstehung einer ganz bestimmten Entscheidungssituation verdanken. Die *Nachfolge* wurde geschrieben, als die evangelische Kirche in Deutschland um ihr Überleben kämpfte und einer Rückgewinnung ihrer Grundlagen bedürftig war. Die Fragmente zur *Ethik* entstanden, als die Kirche sich über Gebühr durch den Kampf um ihre Selbsterhaltung in Anspruch nehmen ließ und darüber die Weite der Herrschaft Christi, sein Dasein für alles bedrängte, mißhandelte Menschentum, sein Eintreten für die Geltung von Wahrheit und Recht im öffentlichen Leben zu verleugnen drohte. Und die Briefe aus dem Gefängnis *Widerstand und Ergebung* sind übervoll von neuen theologischen Perspektiven, die in engem Zusammenhang mit den Entscheidungen stehen, die er selber zu treffen und zu verantworten hatte. Das ist der Grund, warum Bonhoeffers Texte, wo immer sie laut werden, eine nicht nachlassende Beachtung finden und warum man sie auch 40 Jahre nach seinem Tod für in der Gegenwart zu fällende Entscheidungen immer wieder zu Rate zieht.

Allem vorangestellt ist in diesem Buch das Gedicht „Stationen auf dem Weg zur Freiheit", gleichsam als Ouvertüre, in der alle Themen anklingen, die nachher breit entfaltet werden. Für eine authentische Bonhoeffer-Interpretation ist es wohl als Glücksfall zu werten, daß er selber in einem Augenblick, als er – nach dem Scheitern des Umsturzversuches vom 20. Juli 1944 – mit

seinem unmittelbar bevorstehenden Tod rechnen mußte, noch einmal die sein ganzes Leben beherrschenden Motive benannte, eine Art Biographie en miniature und in höchster Konzentration. Auch die große Biographie von Eberhard Bethge beschreibt im Grunde nichts anderes, als daß Bonhoeffer sein Leben lang auf der Suche nach einer Freiheit war – für sich und andere –, die tief begründet ist, die überzeugt und nicht einmal durch Leiden und Tod begrenzt werden kann. Und daß Bonhoeffer jedenfalls diese Freiheit nur in der ständigen Korrespondenz zu der Gestalt Christi hat finden können. Wo auch sonst sollte sie zu finden sein? Nachfolge Christi wurde zu dem einen großen Thema seines Lebens. Er hatte sie in sehr unterschiedlichen Lebensbereichen zu bewähren, in gewohnten und dann auch in ganz und gar ungewohnten. Die ungewohnten hat er sich nicht selber ausgesucht. Aber er wußte, daß er sich ihnen um all dessentwillen, was er von Christus zu erkennen bekommen hatte, um keinen Preis entziehen durfte.
In all dem liegt begründet, daß Bonhoeffers Lebenswerk eine Einheit darstellt. Es geht nicht an, den „frühen" gegen den „späten", den „frommen" gegen den „religionslosen", den „konservativen" gegen den „revolutionären" Bonhoeffer auszuspielen oder umgekehrt. Die stärksten Argumente gegen solch aufspaltende Vereinseitigungen hat Bonhoeffer uns mit seinen „Stationen auf dem Weg zur Freiheit" selbst an die Hand gegeben. Ist die Hoffnung ganz unbegründet, daß in der gegenwärtigen Konfrontation innerhalb der Christenheit bei uns und bei anderen – ängstliches Stehenbleiben bei einmal gewonnenen Positionen und Erkenntnissen auf der einen Seite gegen hoffnungsvolles Voranschreiten auf dem von Christus eröffneten Weg zu Gerechtigkeit, Freiheit und Frieden auf der anderen Seite – gerade von der Gestalt Bonhoeffers versöhnende Initiativen ausgehen könnten? Es gibt nicht viel Menschen von einer solchen Kraft der Integration.

Im September 1985 *Otto Dudzus*

Stationen auf dem Wege zur Freiheit

Zucht
Ziehst du aus, die Freiheit zu suchen, so lerne vor allem / Zucht der Sinne und deiner Seele, daß die Begierden / und deine Glieder dich nicht bald hierhin, bald dorthin führen. / Keusch sei dein Geist und dein Leib, gänzlich dir selbst unterworfen / und gehorsam, das Ziel zu suchen, das ihm gesetzt ist. / Niemand erfährt das Geheimnis der Freiheit, es sei denn durch Zucht.

Tat
Nicht das Beliebige, sondern das Rechte tun und wagen, / nicht im Möglichen schweben, das Wirkliche tapfer ergreifen, / nicht in der Flucht der Gedanken, allein in der Tat ist die Freiheit. Tritt aus ängstlichem Zögern heraus in den Sturm des Geschehens, / nur von Gottes Gebot und deinem Glauben getragen, / und die Freiheit wird deinen Geist jauchzend empfangen.

Leiden
Wunderbare Verwandlung. Die starken, tätigen Hände / sind dir gebunden. Ohnmächtig, einsam siehst du das Ende / deiner Tat. Doch atmest du auf und legst das Rechte / still und getrost in stärkere Hand und gibst dich zufrieden. / Nur einen Augenblick berührtest du selig die Freiheit, / dann übergabst du sie Gott, damit er sie herrlich vollende.

Tod
Komm nun, höchstes Fest auf dem Wege zur ewigen Freiheit, / Tod, leg nieder beschwerliche Ketten und Mauern / unsres vergänglichen Leibes und unsrer verblendeten Seele, / daß wir endlich erblicken, was hier uns zu sehen mißgönnt ist. / Freiheit, dich suchten wir lange in Zucht und in Tat und in Leiden. / Sterbend erkennen wir nun im Angesicht Gottes dich selbst.

I. Zucht

Hinführung

Das Leitwort über diesem ersten Kapitel hat in unseren Ohren keinen guten Klang. Zu sehr sind wir in ein Denken hineingeraten, das in den Begriffen Zucht, Ordnung, Disziplin nur einen Gegensatz zu aller Liberalität sieht, eine Einschränkung, wenn nicht gar eine Gefährdung vollen Menschseins.

Bonhoeffer könnte uns eines Besseren belehren. Er versteht darunter das Fragen und Suchen nach den Gesetzen, unter denen Leben sich erst entfalten und gedeihen kann, das Geheimnis, an dem Gelingen oder Verlust von Leben sich entscheidet. Dabei hat Zucht allerdings einen weiten Umfang. Sie ist nicht an eine Phase der Entwicklung gebunden, und kein Bereich unseres Lebens bleibt ihr entzogen.

Dazu gehört auch das ganz Einfache, was uns fast zu banal erscheint. Im Brief vom 18. 12. 1943 aus dem Gefängnis schreibt Bonhoeffer, wie wichtig es ihm sei, keinerlei Unordnung in den Tagesablauf kommen zu lassen. Das wäre der Anfang der Kapitulation, „dem vermutlich Schlimmeres gefolgt wäre; und von der äußeren und rein körperlichen Ordnung (morgendliches Turnen, kalt Abwaschen) geht schon etwas Halt für die innere Ordnung aus“ (Widerstand und Ergebung, 188).

Diese innere Ordnung finden wir in der kleinen Arbeit „Der Morgen“ näher bezeichnet. „Böse Launen, unbeherrschte Stimmungen und Wünsche, die wir am Tag nicht mehr loswerden, sind oft genug Nachtgespenster, die nicht beizeiten verjagt worden sind und uns den Tag vergällen wollen. In die ersten Augenblicke des neuen Tages gehören nicht eigene Pläne und Sorgen, auch nicht der Übereifer der Arbeit, sondern Gottes befreiende Gnade, Gottes segnende Nähe“ (Predigten II, 186). Bonhoeffer hatte vor nichts anderem so viel Angst wie vor dem inneren Chaos. Er wußte, daß ein Verfall hieran in einem tiefen Zusammenhang steht mit dem Verfall an das Chaos im Großen, mit unserer Anfälligkeit, unserer Ohnmacht ihm gegenüber. Und er wußte vor allem, daß die wirksamste Hilfe gegen inneres

wie äußeres Chaos im geduldigen, treuen Hören auf das Wort Gottes und im Tun seines Willens besteht. Insofern ist Nachfolge Christi bei Bonhoeffer nur ein anderes Wort für Zucht. Die in der Nachfolge gewonnene innere Ordnung hat ihr Bewährungsfeld in unserem Verhältnis zum anderen Menschen, dem nächsten und dem fernsten. Hierzu hat Bonhoeffer uns in der Schrift „Gemeinsames Leben" ein ungewöhnlich schönes und hilfreiches Dokument hinterlassen. Aus ihm stammen die meisten der diesen unseren Lebensbereich betreffenden Beiträge. Wie wir Zugang gewinnen können zum anderen Menschen; wie wir ihn in seinem Geheimnis zu respektieren haben; was Gemeinschaft ist; in welchem Verhältnis Gemeinschaft und Alleinsein zueinander stehen, jedes in seinem eigenen Recht, aber beides aufeinander bezogen und angewiesen; wie Reden und Schweigen zueinander gehören und sich gegenseitig bedingen: Das alles gibt es hier in nahezu klassisch gewordenen Texten zu erfahren. In diesen Zusammenhang gehört auch – in die ganz großen Lebensverhältnisse übertragen – Bonhoeffers Friedenspredigt auf der Fanö-Konferenz aus dem Jahre 1934. Was er damals zum Frieden in der Welt sagte, gewinnt erst heute seine ganze Tragweite und Wirkungskraft.
„Wir suchen aus der Armut und Enge unserer eigenen Überzeugungen und Fragen die Weite und den Reichtum, die uns in Jesus geschenkt sind." So schrieb Bonhoeffer 1937 im Vorwort der „Nachfolge". Welch reiche Frucht aus solchem Suchen für die eigene Lebensgestalt erwachsen kann, zeigen die letzten Beiträge dieses Kapitels. Sie sind ausnahmslos den Briefen aus dem Gefängnis entnommen und müßten dem Leser eigentlich um ein Vielfaches vermehrt angeboten werden. Unter Haftbedingungen, wie sie sonst nur für Schwerverbrecher üblich sind, sollten alle Möglichkeiten für Weite und Freiheit abgeschnitten sein, vermutet man. Aber die Briefe zeigen, daß Bonhoeffer nie zuvor Weite und Freiheit in so überzeugender Weise repräsentiert wie hier. Nicht nur über sie redet, wiewohl auch das schon eindrücklich genug geschieht.

O. D.

Teure und billige Gnade

Billige Gnade ist der Todfeind unserer Kirche. Unser Kampf heute geht um die teure Gnade.

Billige Gnade heißt Gnade als Schleuderware, verschleuderte Vergebung, verschleuderter Trost, verschleudertes Sakrament; Gnade als unerschöpfliche Vorratskammer der Kirche, aus der mit leichtfertigen Händen bedenkenlos und grenzenlos ausgeschüttet wird; Gnade ohne Preis, ohne Kosten. Das sei ja gerade das Wesen der Gnade, daß die Rechnung im voraus für alle Zeit beglichen ist. Auf die gezahlte Rechnung hin ist alles umsonst zu haben. Unendlich groß sind die aufgebrachten Kosten, unendlich groß daher auch die Möglichkeiten des Gebrauchs und der Verschwendung. Was wäre auch Gnade, die nicht billige Gnade ist?...

Teure Gnade ist das Evangelium, das immer wieder gesucht, die Gabe, um die gebeten, die Tür, an die angeklopft werden muß.

Teuer ist sie, weil sie in die Nachfolge ruft, Gnade ist sie, weil sie in die Nachfolge *Jesu Christi* ruft; teuer ist sie, weil sie dem Menschen das Leben kostet, Gnade ist sie, weil sie ihm so das Leben erst schenkt; teuer ist sie, weil sie die Sünde verdammt, Gnade, weil sie den Sünder rechtfertigt... Teure Gnade ist Menschwerdung Gottes.

Mit der Ausbreitung des Christentums und der zunehmenden Verweltlichung der Kirche ging die Erkenntnis der teuren Gnade allmählich verloren. Die Welt war christianisiert, die Gnade war Allgemeingut einer christlichen Welt geworden. Sie war billig zu haben. Doch bewahrte die römische Kirche einen Rest der ersten Erkenntnis. Es war von entscheidender Bedeutung, daß das Mönchtum sich nicht von der Kirche trennte und daß die Klugheit der Kirche das Mönchtum ertrug. Hier war am Rande der Kirche der Ort, an dem die Erkenntnis wachgehalten wurde, daß Gnade teuer ist, daß Gnade die Nachfolge einschließt. Menschen verließen um Christi willen alles, was sie hatten, und versuchten, den strengen Geboten Jesu zu folgen in täglicher Übung. So wurde das mönchische Leben ein lebendiger Protest gegen die Verweltlichung des Christentums, gegen die Verbilli-

gung der Gnade... Der entscheidende Fehler des Mönchtums lag nicht darin, daß es... den Gnadenweg der strengen Nachfolge ging. Vielmehr entfernte sich das Mönchtum wesentlich darin vom Christlichen, daß es seinen Weg zu freien Sonderleistungen einiger weniger werden ließ und damit für ihn eine besondere Verdienstlichkeit in Anspruch nahm.
Als Gott durch seinen Knecht Martin Luther in der Reformation das Evangelium von der reinen, teuren Gnade wieder erweckte, führte er Luther durch das Kloster. Luther war Mönch. Er hatte alles verlassen und wollte Christus in vollkommenem Gehorsam nachfolgen. Er entsagte der Welt und ging an das christliche Werk. Er lernte den Gehorsam gegen Christus und seine Kirche, weil er wußte, daß nur der Gehorsame glauben kann. Der Ruf ins Kloster kostete Luther den vollen Einsatz seines Lebens. Luther scheiterte mit seinem Weg an Gott selbst. Gott zeigte ihm durch die Schrift, daß die Nachfolge Jesu nicht verdienstliche Sonderleistung einzelner, sondern göttliches Gebot an alle Christen ist...
Luthers Weg aus dem Kloster zurück in die Welt bedeutete den schärfsten Angriff, der seit dem Urchristentum auf die Welt geführt worden war. Die Absage, die der Mönch der Welt gegeben hatte, war ein Kinderspiel gegenüber der Absage, die die Welt durch den in sie Zurückgekehrten erfuhr. Nun kam der Angriff frontal. Nachfolge Jesu mußte nun mitten in der Welt gelebt werden. Was unter den besonderen Umständen und Erleichterungen des klösterlichen Lebens als Sonderleistung geübt wurde, war nun das Notwendige und Gebotene für jeden Christen in der Welt geworden. Der vollkommene Gehorsam gegen das Gebot Jesu mußte im täglichen Berufsleben geleistet werden...
Man kann die Tat Luthers nicht verhängnisvoller mißverstehen als mit der Meinung, Luther habe mit der Entdeckung des Evangeliums der reinen Gnade einen Dispens für den Gehorsam gegen das Gebot Jesu in der Welt proklamiert; die reformatorische Entdeckung sei die Heiligsprechung, die Rechtfertigung der Welt durch die vergebende Gnade gewesen. Der weltliche Beruf des Christen erfährt vielmehr seine Rechtfertigung für Luther

allein dadurch, daß in ihm der Protest gegen die Welt in letzter Schärfe angemeldet wird. Nur sofern der weltliche Beruf des Christen in der Nachfolge Jesu ausgeübt wird, hat er vom Evangelium her neues Recht empfangen. Nicht Rechtfertigung der Sünde, sondern Rechtfertigung des Sünders war der Grund für Luthers Rückkehr aus dem Kloster. Teure Gnade war Luther geschenkt worden. Gnade war es, weil sie Wasser auf das durstige Land, Trost für die Angst, Befreiung von der Knechtschaft das selbstgewählten Weges, Vergebung aller Sünden war. Teuer war die Gnade, weil sie nicht dispensierte vom Werk, sondern den Ruf in die Nachfolge unendlich verschärfte. Aber gerade worin sie teuer war, darin war sie Gnade, und worin sie Gnade war, darin war sie teuer. Das war das Geheimnis des reformatorischen Evangeliums, das Geheimnis der Rechtfertigung des Sünders.

Nachfolge, 13–20

Der Morgen

Jeder neue Morgen ist ein neuer Anfang unseres Lebens. Jeder Tag ist ein abgeschlossenes Ganzes. Der heutige Tag ist die Grenze unseres Sorgens und Mühens (Matth. 6, 34; Jak. 4,14). Er ist lang genug, um Gott zu finden oder zu verlieren, um Glauben zu halten oder in Sünde und Schande zu fallen. Darum schuf Gott Tag und Nacht, damit wir nicht im Grenzenlosen wanderten, sondern am Morgen schon das Ziel des Abends vor uns sähen. Wie die alte Sonne doch täglich neu aufgeht, so ist auch die ewige Barmherzigkeit Gottes alle Morgen neu (Klagl. 3,23). Die alte Treue Gottes allmorgendlich neu zu fassen, mitten in einem Leben mit Gott täglich ein neues Leben mit ihm beginnen zu dürfen, das ist das Geschenk, das Gott uns mit jedem Morgen macht.

In der Heiligen Schrift ist der Morgen eine Zeit voller Wunder. Er ist die Stunde der Hilfe Gottes für seine Kirche (Ps. 46,6), die Stunde der Freude nach einem Abend des Weinens (Ps. 30,6), die Stunde der Verkündigung des göttlichen Wortes (Zeph. 3,5), der

täglichen Austeilung des heiligen Mannas (2. Mose 16, 13 f); vor Tagesanbruch geht Jesus beten (Mark. 1, 35), in der Frühe gehen die Frauen zum Grab und finden Jesus auferstanden (Mark. 16, 2 ff). Im Morgengrauen finden die Jünger den Auferstandenen am Ufer des Sees Tiberias (Joh. 21,4). Es ist die Erwartung der Wunder Gottes, die die Männer des Glaubens früh aufstehen läßt (1. Mose 19, 27; 2. Mose 24, 4; Hiob 1, 5 u.ö.). Der Schlaf hält sie nicht mehr. Sie eilen der frühen Gnade Gottes entgegen.
Beim Erwachen vertreiben wir die finsteren Gestalten der Nacht und die wirren Träume, indem wir alsbald den Morgensegen sprechen und uns für diesen Tag für Hilfe dem dreieinigen Gott befehlen. Böse Launen, unbeherrschte Stimmungen und Wünsche, die wir am Tag nicht mehr loswerden, sind oft genug Nachtgespenster, die nicht beizeiten verjagt worden sind und uns den Tag vergällen wollen. In die ersten Augenblicke des neuen Tages gehören nicht eigene Pläne und Sorgen, auch nicht der Übereifer der Arbeit, sondern Gottes befreiende Gnade, Gottes segnende Nähe. Wen die Sorge frühzeitig aufweckt, dem sagt die Schrift: „Es ist umsonst, daß ihr früh aufstehet und hernach lange sitzet und esset euer Brot mit Sorgen" [im Manuskript: „mit Tränen"] (Ps. 127, 2). Nicht die Angst vor dem Tag, nicht die Last der Werke, die ich zu tun vorhabe, sondern der Herr „weckt mich alle Morgen; er weckt mir das Ohr, daß ich höre wie ein Jünger", so heißt es vom Knecht Gottes (Jes. 50, 4). Bevor das Herz sich der Welt aufschließt, will Gott es sich erschließen. Bevor das Ohr die unzähligen Stimmen des Tages vernimmt, soll es in der Frühe die Stimme des Schöpfers und Erlösers hören. Die Stille des ersten Morgens hat Gott für sich selbst bereitet. Ihm soll sie gehören.
Vor das tägliche Brot gehört das tägliche Wort. Nur so wird auch das Brot mit Danksagung empfangen. Vor die tägliche Arbeit gehört das morgendliche Gebet. Nur so wird die Arbeit in der Erfüllung des göttlichen Befehls getan. Für stille Gebetszeit und gemeinsame Andacht muß der Morgen eine Stunde hergeben. Das ist wahrhaftig keine vergeudete Zeit. Wie könnten wir anders gerüstet den Aufgaben, Nöten und Versuchungen des Tages entgegengehen? Und ob wir auch oft nicht „in Stimmung"

dafür sind, so ist es doch schuldiger Dienst an dem, der von uns angerufen, gelobt und gebeten sein will und der uns unseren Tag nicht anders als durch sein Wort und unser Gebet segnen will.

Es ist nicht gut, von „Gesetzlichkeit" zu reden, wo es um die Ordnung unseres christlichen Lebens, um die Treue in den gebotenen Dingen des Schriftlesens und Betens geht. Unordnung zersetzt und zerbricht den Glauben. Das muß der Theologe besonders lernen, der Zuchtlosigkeit mit evangelischer Freiheit verwechselt. Wer einmal ein ausfüllendes geistliches Amt versehen und nicht in Betriebsamkeit sich und seine Arbeit zugrunde richten will, der lerne beizeiten die geistliche Disziplin des Dieners Jesu Christi. Der junge Theologe wird es als eine große Hilfe erfahren, wenn er sich für sein stilles Gebet und für die Andacht feste Zeiten setzt, die er in großer Beharrlichkeit und Geduld einhält.

Die stille Gebetszeit braucht jeder Christ. Der Theologe, der Christ sein will, braucht sie nötiger als irgendein anderer. Er braucht mehr Zeit für Gottes Wort und für das Gebet; denn er ist für Besonderes eingesetzt (Apg. 6,4). Wie sollen wir den Tag über mit Gottes Wort umgehen, predigen und unterweisen lernen, anderer Menschen Last brüderlich tragen helfen, wenn wir nicht selbst Gottes Hilfe für den Tag erfahren haben? Wir wollen ja nicht Schwätzer und Routiniers werden. Es ist ratsam, der stillen Gebetszeit ein Wort Gottes zugrunde zu legen. Das gibt dem Gebet Inhalt, festen Grund und Zuversicht. Es kann für eine Woche derselbe Schriftabschnitt sein. Dann wird das Wort in uns zu wohnen und zu leben beginnen und uns bewußt oder unbewußt gegenwärtig sein. Ein zu rascher Wechsel macht oberflächlich. Auf dem Grund der Schrift lernen wir in der Sprache, die Gott zu uns gesprochen hat, zu Gott sprechen, wie das Kind zum Vater. Vom Wort Gottes ausgehend beten wir alles, was das Wort uns lehrt, bringen wir den kommenden Tag vor Gott und reinigen unsere Gedanken und Vorsätze vor ihm, beten wir vor allem um die volle Gemeinschaft Jesu Christi mit uns. Wir wollen nicht vergessen, für uns selbst zu beten; „in Demut achte deine Seele hoch" (Sir. 10, 31). Dann aber liegt vor uns das weite Feld der Fürbitte. Hier weitet sich der Blick. Er sieht nahe und ferne Menschen und Dinge, um sie der Gnade Gottes zu befehlen. Keiner, der uns um unsere Fürbitte gebeten hat, darf fehlen. Dazu kommen alle die, die uns persönlich oder beruflich besonders anbefohlen sind – und das sind viele. Schließlich weiß jeder von Menschen, denen sonst wohl kaum einer diesen Dienst tut. Nicht vergessen wollen wir, Gott für die zu danken, die uns durch ihre Fürbitte helfen und stärken. Wir wollen die stille Gebetszeit nicht beschließen, bevor wir mehrfach und schließlich mit großer Gewißheit das Amen gesprochen haben...

Nun hat Gott in dem Schweigen des Morgens sein Wort geredet, nun haben wir mit ihm und mit der Gemeinde der Christen Gemeinschaft gefunden. Sollten wir nun nicht zuversichtlich an das Tagewerk gehen?

1935 oder 1936. Predigten II, 185–189

Die Verborgenheit des Gebets

Jesus lehrt seine Jünger beten. Was bedeutet das? Daß wir beten dürfen, ist keine Selbstverständlichkeit. Zwar ist das Gebet ein natürliches Bedürfnis des menschlichen Herzens, aber darin hat es noch kein Recht vor Gott. Selbst dort, wo es in fester Zucht und Übung gehalten wird, kann es fruchtlos und ohne Verheißung sein. Die Jünger dürfen beten, weil Jesus es ihnen sagt, der den Vater kennt. Er verheißt ihnen, daß Gott sie erhören wird. So beten die Jünger allein, weil sie in der Gemeinschaft Jesu stehen, in seiner Nachfolge. Wer an Jesus gebunden ist in der Nachfolge, der hat durch ihn den Zugang zum Vater. Damit ist jedes rechte Gebet vermitteltes Gebet. Es gibt kein unvermitteltes Beten. Es gibt auch im Gebet keinen unmittelbaren Zugang zum Vater. Nur durch Jesus Christus können wir im Gebet den Vater finden. Die Voraussetzung des Gebetes ist der Glaube, die Bindung an Christus. Er ist der alleinige Mittler unseres Gebetes. Auf sein Wort hin beten wir. So ist unser Gebet immer an sein Wort gebundenes Gebet.

Wir beten zu Gott, an den wir durch Christus glauben. Daher

kann unser Gebet niemals eine Beschwörung Gottes sein, wir brauchen uns vor ihm nicht mehr darzustellen. Wir dürfen wissen, daß er weiß, was wir bedürfen, ehe wir darum bitten. Das gibt unserem Gebet größte Zuversicht und fröhliche Gewißheit. Nicht die Formel, nicht die Zahl der Worte, sondern der Glaube faßt Gott bei seinem väterlichen Herzen, das uns längst kennt.

Das rechte Gebet ist nicht ein Werk, eine Übung, eine fromme Haltung, sondern es ist die Bitte des Kindes zum Herzen des Vaters. Darum ist das Gebet niemals demonstrativ, weder vor Gott, noch vor uns selbst, noch vor anderen. Wüßte Gott nicht, was ich bedarf, dann müßte ich darüber reflektieren, *wie* ich es Gott sage, *was* ich ihm sage, *ob* ich es ihm sage. So schließt der Glaube, aus dem ich bete, jede Reflexion, jede Demonstration aus.

Das Gebet ist das schlechthin Verborgene. Es ist der Öffentlichkeit in jeder Weise entgegengesetzt. Wer betet, kennt sich selbst nicht mehr, sondern nur noch Gott, den er anruft. Weil das Gebet nicht in die Welt hineinwirkt, sondern allein auf Gott gerichtet ist, ist es das undemonstrativste Handeln schlechthin.

Freilich gibt es auch hier die Verkehrung des Gebetes in die Demonstration, in der das Verborgene ans Licht gebracht wird. Das geschieht nicht nur durch das öffentliche Gebet, das zum Geplapper wird. Es wird heute sehr selten so geschehen. Es ist aber kein Unterschied, ja viel verderblicher, wenn ich mich selbst zum Zuschauer meines Gebetes mache, wenn ich vor mir selbst bete, sei es nun, daß ich als befriedigter Zuschauer diesen Zustand genieße, sei es, daß ich befremdet oder beschämt mich in diesem Zustand ertappe. Die Öffentlichkeit der Straße ist nur eine naivere Form der Öffentlichkeit, die ich mir selbst bereite. Ich kann mir auch in meinem Kämmerlein eine ansehnliche Demonstration veranstalten. Bis dorthin können wir Jesu Wort verzerren. Die Öffentlichkeit, die ich mir suche, besteht dann darin, daß ich zugleich der bin, der betet, wie auch der, der hört. Ich höre mich selbst an, ich erhöre mich selbst. Weil ich auf die Erhörung Gottes nicht warten will, weil ich mir nicht dermaleinst die Erhörung meines Gebets von Gott zeigen lassen will,

schaffe ich mir selbst meine Erhörung. Ich stelle fest, daß ich fromm gebetet habe, und in dieser Feststellung liegt die Befriedigung der Erhörung. Mein Gebet ist erhört. Ich habe meinen Lohn dahin. Weil ich mich selbst erhört habe, wird mich Gott nicht erhören, weil ich mir selbst den Lohn der Öffentlichkeit bereitet habe, wird Gott mir keinen Lohn mehr bereiten.
Was ist das Kämmerlein, von dem Jesus redet, wenn ich vor mir selbst nicht sicher bin? Wie soll ich es so fest zuschließen, daß kein Zuhörer die Verborgenheit des Gebetes zerstört und mir den Lohn des verborgenen Gebetes raubt? Wie soll ich mich vor mir selbst schützen? vor meiner Reflexion? Wie töte ich mit meiner Reflexion die Reflexion? Das Wort ist gefallen: mein eigner Wille, mit meinem Gebet irgendwie mich selbst durchzusetzen, muß sterben, getötet werden. Wo Jesu Wille allein in mir herrscht und all mein eigner Wille in seinen hingegeben ist, in der Gemeinschaft Jesu, in der Nachfolge, stirbt mein Wille. Dann kann ich beten, daß der Wille dessen geschehe, der weiß, was ich bedarf, ehe ich bitte. Dann allein ist mein Gebet gewiß, stark und rein, wenn es aus dem Willen Jesu kommt. Dann ist Beten auch wirklich *Bitten.* Das Kind bittet den Vater, den es kennt. Nicht die allgemeine Anbetung, sondern das Bitten ist das Wesen des christlichen Gebets. Das entspricht der Haltung des Menschen vor Gott, daß er mit ausgestreckter Hand den bittet, von dem er weiß, daß er ein väterliches Herz hat.
Wenn auch das rechte Gebet eine verborgene Sache ist, so ist damit gewiß die Gebetsgemeinschaft nicht ausgeschlossen, so deutlich auch ihre Gefahren nun geworden sein mögen. Es kommt zuletzt weder auf die Straße oder auf das Kämmerlein, noch auf kurze oder auf lange Gebete, sei es in der Litanei des Kirchengebets, sei es in dem Seufzen dessen, der nicht weiß, was er beten soll, noch auf den einzelnen oder auf die Gemeinschaft an, sondern auf die eine Erkenntnis: euer Vater weiß, was ihr bedürfet. Das richtet das Gebet allein auf Gott aus. Das befreit den Jünger von falscher Werkerei.

Nachfolge, 137–140

Inzwischen war hier der erwartete Großangriff auf Borsig. Es ist wirklich ein einzigartiges Gefühl, die „Weihnachtsbäume", diese Leuchtabsteckzeichen, die das Kommandoflugzeug abwirft, unmittelbar über sich heruntergehen zu sehen. Schauderhaft das Toben und Schreien der Gefangenen in ihren Zellen. Wir hatten keine Toten, nur Verwundete; aber bis 1 Uhr waren wir mit Verbinden fertig. Ich konnte gleich danach ganz fest schlafen. Ganz offen reden die Leute hier von der Angst, die sie gehabt haben. Ich weiß nicht recht, was ich davon halten soll; denn eigentlich ist die Angst doch auch etwas, dessen sich der Mensch schämt. Ich habe das Empfinden, man könnte eigentlich nur in der Beichte davon reden. Es kann sonst so leicht etwas Schamloses darin liegen. Deswegen braucht man ja noch lange nicht den Heroischen zu markieren. Andrerseits kann eine naive Offenheit etwas ganz Entwaffnendes haben. Aber es gibt eben auch so eine zynische, ich möchte fast sagen: gottlose Offenheit, die sich dann ebenso auf dem Gebiet des Saufens und Hurens austobt und die so einen chaotischen Eindruck macht. Ob nicht die Angst doch auch zu den „pudenda" gehört, die verborgen werden sollen? Ich muß das noch weiter überlegen...

Ich habe noch über das Reden über die eigene Angst, von dem ich Dir kürzlich schrieb, nachgedacht. Ich glaube, unter dem Anschein der Ehrlichkeit wird hier etwas als „natürlich" ausgegeben, was doch im Grunde ein Symptom der Sünde ist; es ist wirklich ganz analog dem offenen Reden über sexuelle Dinge. „Wahrhaftigkeit" heißt eben doch nicht, daß alles, was ist, aufgedeckt wird. Gott selbst hat den Menschen Kleider gemacht, d. h. in statu corruptionis sollen viele Dinge im Menschen verhüllt bleiben, und das Böse, wenn man es schon nicht ausrotten kann, soll jedenfalls verhüllt werden; Bloßstellung ist zynisch; und wenn der Zyniker sich auch besonders ehrlich vorkommt oder als Wahrheitsfanatiker auftritt, so geht er doch an der entscheidenden Wahrheit, nämlich, daß es seit dem Sündenfall auch Verhüllung und Geheimnis geben muß, vorbei.

Das Große an Stifter liegt für mich darin, daß er darauf verzichtet, in das Innere des Menschen einzudringen, daß er die Verhüllung respektiert und den Menschen gewissermaßen nur ganz vorsichtig von außen, aber nicht von innen her betrachtet. Jede Neugierde ist ihm ganz fremd. Es ist mir einmal eindrucksvoll gewesen, als Frau von Kleist-Kieckow mir mit wirklichem Entsetzen von einem Film erzählte, in dem das Wachstum einer Pflanze mit Zeitraffer dargestellt war; sie und ihr Mann hätten das nicht ertragen können als ein unerlaubtes Eindringen in das Geheimnis des Lebens. In dieser Richtung liegt Stifter. Aber geht nicht auch von hier aus eine Brücke zu der sog. englischen „Heuchelei", der man die deutsche „Ehrlichkeit" gegenüberstellt? Ich glaube, wir Deutschen haben die Bedeutung der „Verhüllung", d. h. imgrunde den status corruptionis der Welt nie recht begriffen. Kant sagt einmal sehr gut in der Anthropologie, wer die Bedeutung des Scheins in der Welt verkenne und bestreite, der sei ein Hochverräter an der Menschheit.

27. 11. und 5. 12. 1943.
Widerstand und Ergebung, 164, 177 f

Mit Gott Schritt halten

Wenn *wir* für längere Zeit von den Menschen, die wir lieben, getrennt werden, dann *können* wir einfach nicht, wie die meisten anderen, uns einen billigen Ersatz durch andere Menschen schaffen, – ich meine nicht aus Moral, sondern einfach aus unserem Wesen heraus. Der Ersatz widert uns an. Wir müssen einfach warten und warten, wir müssen an der Trennung unsäglich leiden, wir müssen Sehnsucht empfinden fast bis zum Krankwerden – und nur dadurch halten wir die Gemeinschaft mit den Menschen, die wir lieben, aufrecht, wenn auch auf eine sehr schmerzhafte Weise. Ich habe ein paarmal in meinem Leben das Heimweh kennen gelernt; es gibt keinen schlimmeren Schmerz, und ich habe in den Monaten hier im Gefängnis ein paarmal ganz schreckliche Sehnsucht gehabt. Und weil ich denke, daß es Dir in den nächsten Monaten ähnlich gehen wird,

wollte ich Dir schreiben, was für Erfahrungen ich dabei gemacht habe. Vielleicht können sie Dir etwas nützen.
Die erste Folge solcher Sehnsuchtszeiten ist immer, daß man den normalen Tagesablauf irgendwie vernachlässigen möchte, daß also eine gewisse Unordnung in unser Leben kommen will. Ich war manchmal in der Versuchung, morgens einfach nicht um 6 Uhr aufzustehen wie üblich – was durchaus möglich gewesen wäre –, sondern länger zu schlafen. Ich habe mich bisher immer noch dazu zwingen können, das nicht zu tun; es war mir klar, daß das der Anfang der Kapitulation gewesen wäre, dem vermutlich Schlimmeres gefolgt wäre; und von der äußeren und rein körperlichen Ordnung (morgendliches Turnen, Kaltabwaschen) geht schon etwas Halt für die innere Ordnung aus. Weiter: es ist nichts verkehrter, als den Versuch zu machen, in solchen Zeiten sich irgendeinen Ersatz für das Unerreichbare zu schaffen. Es gelingt doch nicht und eine nur noch größere innere Unordnung tritt ein; die Kraft aber, die Spannung zu überwinden, die doch nur aus der vollen Konzentration auf den Gegenstand der Sehnsucht entspringen kann, wird angefressen und das Durchhalten noch unerträglicher... Weiter: ich glaube, es ist gut, nicht mit Fremden von seinem Zustand zu reden – das wühlt nur noch mehr auf –, sondern nach Möglichkeit sich für Nöte anderer Menschen offenzuhalten. Vor allem darf man nie dem self-pity, dem Sichselbstbemitleiden, verfallen. Und was nun schließlich die christliche Seite der Sache betrifft, so sagt der Vers: „...daß nicht vergessen werde, / was man so gern vergißt, / daß diese arme Erde / nicht unsre Heimat ist", wohl etwas Wesentliches, aber doch nur etwas Allerletztes. Ich glaube, wir sollen Gott in unserem *Leben* und in dem, was er uns an Gutem gibt, so lieben und solches Vertrauen zu ihm fassen, daß wir, wenn die Zeit kommt und da ist – aber wirklich erst dann! –, auch mit Liebe, Vertrauen und Freude zu ihm gehen. Aber – um es deutlicher zu sagen – daß ein Mensch in den Armen seiner Frau sich nach dem Jenseits sehnen soll, das ist, milde gesagt, eine Geschmacklosigkeit und jedenfalls nicht Gottes Wille. Man soll Gott in dem finden und lieben, was er uns gerade gibt; wenn es Gott gefällt, uns ein überwältigendes irdisches Glück genießen zu lassen,

dann soll man nicht frömmer sein als Gott und dieses Glück durch übermütige Gedanken und Herausforderungen und durch eine wild gewordene religiöse Phantasie, die an dem, was Gott gibt, nie genug haben kann, dieses Glück wurmstichig werden lassen. Gott wird es dem, der ihn in seinem irdischen Glück findet und ihm dankt, schon nicht an Stunden fehlen lassen, in denen er daran erinnert wird, daß alles Irdische nur etwas Vorläufiges ist und daß es gut ist, sein Herz an die Ewigkeit zu gewöhnen, und schließlich werden auch die Stunden nicht ausbleiben, in denen wir aufrichtig sagen können: „Ich wollt, daß ich daheime wär..." Aber dies alles hat seine Zeit und die Hauptsache ist, daß man mit Gott Schritt hält und ihm nicht immer schon einige Schritte vorauseilt, allerdings auch keinen Schritt hinter ihm zurückbleibt. Es ist Übermut, alles auf einmal haben zu wollen, das Glück der Ehe und das Kreuz und das himmlische Jerusalem, in dem nicht Mann und Frau ist. „Er tut alles fein zu seiner Zeit" (Pred. 3). Alles hat „seine Stunde: weinen und lachen,... herzen und ferne sein von herzen,... zerreißen und zunähen... und Gott sucht wieder auf, was vergangen ist". Dies letzte heißt doch wohl, daß nichts Vergangenes verloren ist, daß Gott mit uns unsere Vergangenheit, die zu uns gehört, wieder aufsucht. Wenn also die Sehnsucht nach einem Vergangenen uns überfällt – und das geschieht zu völlig unberechenbaren Zeiten –, dann können wir wissen, daß das nur eine der vielen „Stunden" ist, die Gott für uns noch bereit hält, und dann sollen wir wohl nicht auf eigene Faust, sondern mit Gott das Vergangene wieder aufsuchen.

18. 12. 1943. Widerstand und Ergebung, 187 f

Durch Christus zum Bruder

Es ist nichts Selbstverständliches für den Christen, daß er unter Christen leben darf. Jesus Christus lebte mitten unter seinen Feinden. Zuletzt verließen ihn alle Jünger. Am Kreuz war er ganz allein, umgeben von Übeltätern und Spöttern. Dazu war er gekommen, daß er den Feinden Gottes den Frieden brächte. So gehört auch der Christ nicht in die Abgeschiedenheit eines klösterlichen Lebens, sondern mitten unter die Feinde. Dort hat er seinen Auftrag, seine Arbeit. „Die Herrschaft soll sein inmitten deiner Feinde. Und wer das nicht leiden will, der will nicht sein von der Herrschaft Christi, sondern er will inmitten von Freunden sein, in den Rosen und Lilien sitzen, nicht bei bösen, sondern bei frommen Leuten sein. O ihr Gotteslästerer und Christi Verräter! Wenn Christus getan hätte als ihr tut, wer wäre immer selig geworden?“ (Luther)...

So ist es in der Zeit zwischen dem Tod Christi und dem Jüngsten Tag nur wie eine gnädige Vorwegnahme der letzten Dinge, wenn Christen schon hier in sichtbarer Gemeinschaft mit andern Christen leben dürfen. Es ist Gottes Gnade, daß sich eine Gemeinde in dieser Welt sichtbar um Gottes Wort und Sakrament versammeln darf. Nicht alle Christen haben an dieser Gnade teil...

Die leibliche Gegenwart anderer Christen ist dem Gläubigen eine Quelle unvergleichlicher Freude und Stärkung...

Es bedeutet keine Beschämung für den Gläubigen, als sei er noch gar zu sehr im Fleische, wenn es ihn nach dem leiblichen Antlitz anderer Christen verlangt. Als Leib ist der Mensch erschaffen, im Leibe erschien der Sohn Gottes um unsertwillen auf Erden, im Leibe wurde er auferweckt, im Leibe empfängt der Gläubige den Herrn Christus im Sakrament, und die Auferstehung der Toten wird die vollendete Gemeinschaft der geist-leiblichen Geschöpfe Gottes herbeiführen. Über der leiblichen Gegenwart des Bruders preist darum der Gläubige den Schöpfer, den Versöhner und den Erlöser, Gott Vater, Sohn und Heiligen Geist...

Christliche Gemeinschaft heißt Gemeinschaft durch Jesus Christus und in Jesus Christus. Es gibt keine christliche Gemeinschaft, die mehr, und keine, die weniger wäre als dieses. Von der kurzen einmaligen Begegnung bis zur langjährigen täglichen Gemeinschaft ist christliche Gemeinschaft nur dieses. Wir gehören einander allein durch und in Jesus Christus...

Christ ist der Mensch, der sein Heil, seine Rettung, seine Gerechtigkeit nicht mehr bei sich selbst sucht, sondern bei Jesus

Christus allein. Er weiß, Gottes Wort in Jesus Christus spricht ihn schuldig, auch wenn er nichts von eigener Schuld spürt, und Gottes Wort in Jesus Christus spricht ihn frei und gerecht, auch wenn er nichts von eigener Gerechtigkeit fühlt. Der Christ lebt nicht mehr aus sich selbst, aus seiner eigenen Anklage und seiner eigenen Rechtfertigung, sondern aus Gottes Anklage und Gottes Rechtfertigung. Er lebt ganz aus Gottes Wort über ihn, in der gläubigen Unterwerfung unter Gottes Urteil, ob es ihn schuldig oder ob es ihn gerecht spricht. Tod und Leben des Christen liegen nicht in ihm selbst beschlossen, sondern er findet beides allein in dem Wort, das von außen auf ihn zukommt, in Gottes Wort an ihn. Die Reformatoren haben es so ausgedrückt: unsere Gerechtigkeit ist eine „fremde Gerechtigkeit", eine Gerechtigkeit von außen her (extra nos). Damit haben sie gesagt, daß der Christ angewiesen ist auf das Wort Gottes, das ihm gesagt wird. Er ist nach außen, auf das auf ihn zukommende Wort ausgerichtet. Der Christ lebt ganz von der Wahrheit des Wortes Gottes in Jesus Christus. Wird er gefragt: Wo ist dein Heil, deine Seligkeit, deine Gerechtigkeit? so kann er niemals auf sich selbst zeigen, sondern er weist auf das Wort Gottes in Jesus Christus, das ihm Heil, Seligkeit, Gerechtigkeit zuspricht. Nach diesem Wort hält er Ausschau, wo er nur kann. Weil es ihn täglich hungert und dürstet nach der Gerechtigkeit, darum verlangt er immer wieder nach dem erlösenden Wort. Nur von außen kann es kommen. In sich selbst ist er arm und tot. Von außen muß die Hilfe kommen, und sie ist gekommen und kommt täglich neu in dem Wort von Jesus Christus, das uns Erlösung, Gerechtigkeit, Unschuld und Seligkeit bringt. Dieses Wort aber hat Gott in den Mund von Menschen gegeben, damit es weitergesagt werde unter den Menschen. Wo einer von ihm getroffen ist, da sagt er es dem andern. Gott hat gewollt, daß wir sein lebendiges Wort suchen und finden sollen im Zeugnis des Bruders, in Menschenmund. Darum braucht der Christ den Christen, der ihm Gottes Wort sagt, er braucht ihn immer wieder, wenn er ungewiß und verzagt wird; denn aus sich selbst kann er sich nicht helfen, ohne sich um die Wahrheit zu betrügen. Er braucht den Bruder als Träger und Verkündiger des göttlichen Heilswortes. Er braucht den Bruder allein um Jesu Christi willen. Der Christus im eigenen Herzen ist schwächer als der Christus im Worte des Bruders; jener ist ungewiß, dieser ist gewiß. Damit ist zugleich das Ziel aller Gemeinschaft der Christen deutlich: sie begegnen einander als Bringer der Heilsbotschaft. Als solche läßt Gott sie zusammenkommen und schenkt ihnen Gemeinschaft...

Ein Christ kommt zum anderen nur durch Jesus Christus. Unter den Menschen ist Streit. „Er ist unser Friede" (Eph. 2,14) sagt Paulus von Jesus Christus, in dem die alte zerrissene Menschheit eins geworden ist. Ohne Christus ist Unfriede zwischen Gott und den Menschen und zwischen Mensch und Mensch. Christus ist der Mittler geworden und hat Frieden gemacht mit Gott und unter den Menschen. Ohne Christus kennten wir Gott nicht, könnten wir ihn nicht anrufen, nicht zu ihm kommen. Ohne Christus aber kennten wir auch den Bruder nicht und könnten nicht zu ihm kommen. Der Weg ist versperrt durch das eigene Ich. Christus hat den Weg zu Gott und zum Bruder freigemacht. Nun können Christen miteinander in Frieden leben, sie können einander lieben und dienen, sie können eins werden. Aber sie können es auch fortan nur durch Jesus Christus hindurch. Nur in Jesus Christus sind wir eins, nur durch ihn sind wir miteinander verbunden. Er bleibt in Ewigkeit der einzige Mittler...

Bruder ist einer dem andern allein durch Jesus Christus. Ich bin dem andern ein Bruder durch das, was Jesus Christus für mich und an mir getan hat; der andere ist mir zum Bruder geworden durch das, was Jesus Christus für ihn und an ihm getan hat. Daß wir allein durch Jesus Christus Brüder sind, das ist eine Tatsache von unermeßlicher Bedeutung. Also nicht der ernste, nach Bruderschaft verlangende, fromme andere, der mir gegenübertritt, ist der Bruder, mit dem ich es in der Gemeinschaft zu tun bekomme; sondern Bruder ist der von Christus erlöste, von seiner Sünde freigesprochene, zum Glauben und zum ewigen Leben berufene andere. Was einer als Christ in sich ist, in aller Innerlichkeit und Frömmigkeit, vermag unsere Gemeinschaft nicht zu begründen, sondern was einer von Christus her ist, ist für unsere Bruderschaft bestimmend. Unsere Gemeinschaft besteht allein in dem, was Christus an uns beiden getan hat, und das ist nicht nur im Anfang so, so daß im Laufe der Zeit noch etwas anderes zu dieser unserer Gemeinschaft hinzukäme, sondern es bleibt so in alle Zukunft und in alle Ewigkeit. Gemeinschaft mit dem anderen habe ich und werde ich haben allein durch Jesus Christus. Je echter und tiefer unsere Gemeinschaft wird, desto mehr wird alles andere zwischen uns zurücktreten, desto klarer und reiner wird zwischen uns einzig und allein Jesus Christus und sein Werk lebendig werden. Wir haben einander nur durch Christus, aber durch Christus *haben* wir einander auch wirklich, haben wir uns ganz für alle Ewigkeit.

Das gibt allem trüben Verlangen nach mehr von vornherein den Abschied. Wer mehr haben will als das, was Christus zwischen uns gestiftet hat, der will nicht christliche Bruderschaft, der sucht irgend welche außerordentlichen Gemeinschaftserlebnisse, die ihm anderswo versagt blieben, der trägt in die christliche Bruderschaft unklare und unreine Wünsche hinein...

Weil Gott den einzigen Grund unserer Gemeinschaft schon gelegt hat, weil Gott uns längst, bevor wir in das gemeinsame Leben mit andern Christen eintraten, mit diesen zu einem Leibe zusammengeschlossen hat in Jesus Christus, darum treten wir nicht als die Fordernden, sondern als die Dankenden und Empfangenden in das gemeinsame Leben mit anderen Christen ein. Wir danken Gott für das, was er an uns getan hat. Wir danken Gott, daß er uns Brüder gibt, die unter seinem Ruf, unter seiner Vergebung, unter seiner Verheißung leben. Wir beschweren uns nicht über das, was Gott uns nicht gibt, sondern wir danken Gott für das, was er uns täglich gibt. Und ist es nicht genug, was uns gegeben ist: Brüder, die in Sünde und Not mit uns unter dem Segen seiner Gnade dahingehen und leben sollen? Ist denn die Gabe Gottes an irgendeinem Tage, auch in den schwierigen, notvollen Tagen einer christlichen Bruderschaft weniger als dies unbegreiflich Große? Ist denn nicht auch dort, wo Sünde und Mißverstehen das gemeinsame Leben belasten, ist nicht auch der sündigende Bruder doch immer noch der Bruder, mit dem ich gemeinsam unter dem Wort Christi stehe, und wird seine Sünde mir nicht zu immer neuem Anlaß, dafür zu danken, daß wir beide unter der einen vergebenden Liebe Gottes in Jesus

Christus leben dürfen? Wird so nicht gerade die Stunde der großen Enttäuschung über den Bruder mir unvergleichlich heilsam sein, weil sie mich gründlich darüber belehrt, daß wir beide doch niemals von eigenen Worten und Taten, sondern allein von dem einen Wort und der einen Tat leben können, die uns in Wahrheit verbindet, nämlich von der Vergebung der Sünden in Jesus Christus? Wo die Frühnebel der Traumbilder fallen, dort bricht der helle Tag christlicher Gemeinschaft an. Es geht in der christlichen Gemeinschaft mit dem Danken wie sonst im christlichen Leben. Nur wer für das Geringe dankt, empfängt auch das Große. Wir hindern Gott, uns die großen geistlichen Gaben, die er für uns bereit hat, zu schenken, weil wir für die täglichen Gaben nicht danken. Wir meinen, wir dürften uns mit dem kleinen Maß uns geschenkter geistlicher Erkenntnis, Erfahrung, Liebe nicht zufrieden geben und hätten immer nur begehrlich nach den großen Gaben auszuschauen. Wir beklagen uns dann darüber, daß es uns an der großen Gewißheit, an dem starken Glauben, an der reichen Erfahrung fehlt, die Gott doch anderen Christen geschenkt habe, und wir halten diese Beschwerden für fromm. Wir beten um die großen Dinge und vergessen, für die täglichen, kleinen (und doch wahrhaftig nicht kleinen!) Gaben zu danken. Wie kann aber Gott dem Großes anvertrauen, der das Geringe nicht dankbar aus seiner Hand nehmen will? Danken wir nicht täglich für die christliche Gemeinschaft, in die wir gestellt sind, auch dort, wo keine große Erfahrung, kein spürbarer Reichtum, sondern wo viel Schwäche, Kleinglauben, Schwierigkeit ist, beklagen wir uns vielmehr bei Gott immer nur darüber, daß alles noch so armselig, so gering ist, so gar nicht dem entspricht, was wir erwartet haben, so hindern wir Gott, unsere Gemeinschaft wachsen zu lassen nach dem Maß und Reichtum, der in Jesus Christus für uns alle bereit liegt.

Gemeinsames Leben, 9–21

Freigeben können

Weil Christus zwischen mir und dem anderen steht, darum darf ich nicht nach unmittelbarer Gemeinschaft mit ihm verlangen. Wie nur Christus so zu mir sprechen konnte, daß mir geholfen war, so kann auch dem anderen nur von Christus selbst geholfen werden. Das bedeutet aber, daß ich den anderen freigeben muß von allen Versuchen, ihn mit meiner Liebe zu bestimmen, zu zwingen, zu beherrschen. In seiner Freiheit von mir will der andere geliebt sein als der, der er ist, nämlich als der, für den Christus Mensch wurde, starb und auferstand, für den Christus die Vergebung der Sünde erwarb und ein ewiges Leben bereitet hat. Weil Christus an meinem Bruder schon längst entscheidend gehandelt hat, bevor ich anfangen konnte zu handeln, darum soll ich den Bruder freigeben für Christus, er soll mir nur noch als der begegnen, der er für Christus schon ist. Das ist der Sinn des Satzes, daß wir dem anderen nur in der Vermittlung durch Christus begegnen können. Seelische Liebe macht sich ein eigenes Bild vom anderen, von dem, was er ist und von dem, was er werden soll. Sie nimmt das Leben des anderen in die eigenen Hände. Geistliche Liebe erkennt das wahre Bild des anderen von Jesus Christus her, es ist das Bild, das Jesus Christus geprägt hat und prägen will.

Darum wird geistliche Liebe sich darin bewähren, daß sie den anderen in allem, was sie spricht und tut, Christus befiehlt. Sie wird nicht die seelische Erschütterung des anderen zu bewirken suchen durch allzu persönliche, unmittelbare Einwirkung, durch den unreinen Eingriff in das Leben des anderen, sie wird nicht Freude haben an frommer, seelischer Überhitzung und Erregung, sondern sie wird dem anderen mit dem klaren Worte Gottes begegnen und bereit sein, ihn mit diesem Wort lange Zeit allein zu lassen, ihn wieder frei zu geben, damit Christus mit ihm handle. Sie wird die Grenze des anderen achten, die durch Christus zwischen uns gesetzt ist, und sie wird die volle Gemeinschaft mit ihm finden in dem Christus, der uns allein verbindet und vereinigt. So wird sie mehr mit Christus von dem Bruder sprechen als mit dem Bruder von Christus. Sie weiß, daß der nächste Weg zum anderen immer durch das Gebet zu Christus führt und daß die Liebe zum anderen ganz an die Wahrheit in Christus gebunden ist.

Gemeinsames Leben, 26 ff

Respekt vor dem Geheimnis des anderen

Die Geheimnislosigkeit unseres modernen Lebens ist unser Verfall und unsere Armut. Ein menschliches Leben ist so viel wert, als es Respekt behält vor dem Geheimnis. Ein Mensch erhält sich so viel vom Kinde in ihm, als er das Geheimnis ehrt. Darum haben die Kinder so offene, erwachende Augen, weil sie wissen, daß sie umgeben sind vom Geheimnis. Sie sind mit dieser Welt noch nicht fertig geworden. Sie wissen sich noch nicht so durchzuschlagen und die Geheimnisse zu umgehen, wie wir es wissen. Wir zerstören das Geheimnis, weil wir spüren, daß wir hier an eine Grenze unseres Seins geraten; weil wir über alles verfügen und Herr sein wollen. Und eben das können wir mit dem Geheimnis nicht. Das *Geheimnis* ist uns *unheimlich*, weil wir nicht bei ihm *daheim* sind, weil es von einem anderen „Daheimsein" redet als dem unseren.

Geheimnislos leben heißt, von dem Geheimnis unseres eigenen Lebens, von dem Geheimnis des anderen Menschen, von dem Geheimnis der Welt nichts wissen. Heißt, an den Verborgenheiten unserer selbst, des anderen Menschen und der Welt vorübergehen. Heißt, an der Oberfläche bleiben. Heißt, die Welt nur so weit ernstnehmen, als sie *verrechnet* und *ausgenutzt* werden kann, hinter die Welt des Rechnens und des Nutzens nicht zurückgehen. Geheimnislos leben heißt, die entscheidenden Vorgänge des Lebens gar nicht sehen oder sogar ableugnen. Daß die Wurzeln des Baumes im Dunkel des Erdreiches liegen, daß alles, was im Licht lebt, aus dem Dunkel und [der] Verborgenheit des Mutterschoßes herkommt, daß auch alle unsere Gedanken, daß unser ganzes geistiges Leben so aus dem verborgenen, heimlichen Dunkel kommt wie unser Leib, wie alles Leben – das wollen wir nicht wissen. *Daß das Geheimnis die Wurzel alles*

Begreiflichen und Offenbaren [und] Klaren ist, das wollen wir nicht hören. Und wenn wir es hören, so wollen wir diesem Geheimnis zu Leibe, wollen es errechnen und erklären, wollen es sezieren. Und der Erfolg ist, daß wir das Leben dabei töten und das Geheimnis nicht entdecken. Das Geheimnis bleibt Geheimnis. Es entzieht sich unserem Zugriff.

Geheimnis heißt nun aber nicht einfach, etwas nicht wissen. Nicht der fernste Stern ist das größte Geheimnis, sondern im Gegenteil: Je näher uns etwas kommt, je besser wir etwas wissen, desto geheimnisvoller wird es uns. Nicht der fernste Mensch ist uns das größte Geheimnis, sondern gerade der nächste. Und sein Geheimnis wird uns dadurch nicht geringer, daß wir immer mehr von ihm wissen, sondern in seiner Nähe wird er uns immer geheimnisvoller. Es ist die letzte Tiefe alles Geheimnisvollen, wenn zwei Menschen einander so nahe kommen, daß sie einander *lieben.* Nirgends in der Welt spürt der Mensch die Macht des Geheimnisses und seine Herrlichkeit so stark wie hier. Wo zwei Menschen alles voneinander wissen, wird das Geheimnis ihrer Liebe zwischen ihnen unendlich groß. Und erst in dieser Liebe verstehen sie einander, wissen sie ganz voneinander, erkennen sie einander ganz. Und doch, je mehr sie einander lieben und in der Liebe voneinander wissen, je tiefer erkennen sie das Geheimnis ihrer Liebe. Also das Wissen hebt das Geheimnis nicht auf, sondern vertieft es. *Daß* der andere mir so nahe ist, das ist das größte Geheimnis.

27. 5. 1934. Predigten I, 446 ff

Gemeinschaft und Einsamkeit

„Dir wird Schweigen als Lobpreis, Gott, in Zion“ (Ps. 65,2). Viele suchen die Gemeinschaft aus Furcht vor der Einsamkeit. Weil sie nicht mehr allein sein können, treibt es sie unter die Menschen. Auch Christen, die nicht allein mit sich fertig werden können, die mit sich selbst schlechte Erfahrungen gemacht haben, hoffen in der Gemeinschaft anderer Menschen Hilfe zu erfahren. Meist werden sie enttäuscht und machen dann der

Gemeinschaft zum Vorwurf, was ihre eigenste Schuld ist. Die christliche Gemeinschaft ist kein geistliches Sanatorium. Wer auf der Flucht vor sich selbst bei der Gemeinschaft einkehrt, der mißbraucht sie zum Geschwätz und zur Zerstreuung, und mag dieses Geschwätz und diese Zerstreuung noch so geistlich aussehen. In Wahrheit sucht er gar nicht die Gemeinschaft, sondern den Rausch, der die Vereinsamung für kurze Zeit vergessen läßt und gerade dadurch die tödliche Vereinsamung des Menschen schafft. Zersetzung des Wortes und aller echten Erfahrung und zuletzt die Resignation und der geistliche Tod sind das Ergebnis solcher Heilungsversuche.

Wer nicht allein sein kann, der hüte sich vor der Gemeinschaft. Er wird sich selbst und der Gemeinschaft nur Schaden tun. Allein standest du vor Gott, als er dich rief, allein mußtest du dem Ruf folgen, allein mußtest du dein Kreuz aufnehmen, mußtest du kämpfen und beten und allein wirst du sterben und Gott Rechenschaft geben. Du kannst dir selbst nicht ausweichen; denn Gott selbst hat dich ausgesondert. Willst du nicht allein sein, so verwirfst du den Ruf Christi an dich und kannst an der Gemeinschaft der Berufenen keinen Anteil haben. „Wir sind allesamt zum Tode gefordert und wird keiner für den andern sterben, sondern ein jeglicher in eigener Person für sich mit dem Tod kämpfen ... ich werde dann nicht bei dir sein, noch du bei mir" (Luther). Umgekehrt aber gilt der Satz: *Wer nicht in der Gemeinschaft steht, der hüte sich vor dem Alleinsein.*

In der Gemeinde bist du berufen, der Ruf galt nicht dir allein, in der Gemeinde der Berufenen trägst du dein Kreuz, kämpfst du und betest du. Du bist nicht allein, selbst im Sterben und am Jüngsten Tage wirst du nur ein Glied der großen Gemeinde Jesu Christi sein. Mißachtest du die Gemeinschaft der Brüder, so verwirfst du den Ruf Jesu Christi, so kann dein Alleinsein dir nur zum Unheil werden. „Soll ich sterben, so bin ich nicht allein im Tode, leide ich, so leiden sie (die Gemeinde) mit mir" (Luther).

Wir erkennen: Nur in der Gemeinschaft stehend können wir allein sein, und nur wer allein ist, kann in der Gemeinschaft leben. Beides gehört zusammen. Nur in der Gemeinschaft lernen wir recht allein sein und nur im Alleinsein lernen wir recht in der

Gemeinschaft stehen. Es ist nicht so, daß eins vor dem andern wäre, sondern es hebt beides zu gleicher Zeit an, nämlich mit dem Ruf Jesu Christi.
Jedes für sich genommen hat tiefe Abgründe und Gefahren. Wer Gemeinschaft will ohne Alleinsein, der stürzt in die Leere der Worte und Gefühle, wer Alleinsein sucht ohne Gemeinschaft, der kommt im Abgrund der Eitelkeit, Selbstvernarrtheit und Verzweiflung um.

Gemeinsames Leben, 64 f

Schweigen

Das Merkmal der Einsamkeit ist das Schweigen, wie das Wort das Merkmal der Gemeinschaft ist. Schweigen und Wort stehen in derselben inneren Verbundenheit und Unterschiedenheit wie Alleinsein und Gemeinschaft. Es gibt eines nicht ohne das andere. Das rechte Wort kommt aus dem Schweigen, und das rechte Schweigen kommt aus dem Wort.
Schweigen heißt nicht Stummsein, wie Wort nicht Gerede heißt. Stummsein schafft nicht Einsamkeit und Gerede schafft nicht Gemeinschaft. „Schweigen ist das Übermaß, die Trunkenheit und das Opfer des Wortes. Die Stummheit aber ist unheilig, wie ein Ding, das nur verstümmelt, nicht geopfert wurde ... Zacharias war stumm, anstatt schweigsam zu sein. Hätte er die Offenbarung angenommen, vielleicht wäre er dann nicht stumm, sondern schweigend aus dem Tempel gekommen" (Ernest Hello). Das Wort, das die Gemeinschaft neu begründet und zusammenschließt, wird begleitet vom Schweigen. „Schweigen und reden hat seine Zeit" (Pred. 3,7). Wie es am Tage des Christen bestimmte Stunden für das Wort gibt, besonders die gemeinsame Andachts- und Gebetszeit, so braucht der Tag auch bestimmte Zeiten des Schweigens unter dem Wort und aus dem Wort. Das werden vor allem die Zeiten vor und nach dem Hören des Wortes sein. Das Wort kommt nicht zu den Lärmenden, sondern zu den Schweigenden. Die Stille des Tempels ist das Zeichen der heiligen Gegenwart Gottes in seinem Wort.

Es gibt eine Gleichgültigkeit, ja, eine Ablehnung, die im Schweigen eine Geringschätzung der Offenbarung Gottes im Wort erblickt. Hier wird das Schweigen als feierliche Gebärde, als mystisches Über-das-Wort-Hinauswollen mißverstanden. Das Schweigen wird nicht mehr erkannt in seiner wesenhaften Beziehung auf das Wort, als das schlichte Stillwerden des einzelnen unter dem Worte Gottes. Wir schweigen vor dem Hören des Wortes, weil unsere Gedanken schon auf das Wort gerichtet sind, wie ein Kind schweigt, wenn es in das Zimmer des Vaters tritt. Wir schweigen nach dem Hören des Wortes, weil das Wort noch in uns redet und lebt und Wohnung macht. Wir schweigen am frühen Morgen des Tages, weil Gott das erste Wort haben soll und wir schweigen vor dem Schlafengehen, weil Gott auch das letzte Wort gehört. Wir schweigen allein um des Wortes willen, also gerade nicht, um dem Wort Unehre zu tun, sondern um es recht zu ehren und aufzunehmen. Schweigen heißt schließlich nichts anderes als auf Gottes Worte warten und von Gottes Wort gesegnet herkommen. Daß dies aber nötig ist zu lernen in einer Zeit, in der das Gerede überhand genommen hat, das weiß jeder von sich selbst, und daß es dabei eben darum geht, wirklich zu schweigen, stille zu sein, seiner Zunge einmal Einhalt zu gebieten, das ist schließlich nur die nüchterne Folge des geistlichen Schweigens.
Es wird aber das Schweigen vor dem Wort sich auswirken auf den ganzen Tag. Haben wir vor dem Wort schweigen gelernt, so werden wir mit Schweigen und Reden auch am Tag haushalten lernen. Es gibt ein unerlaubtes, selbstgefälliges, ein hochmütiges, ein beleidigendes Schweigen. Schon daraus geht hervor, daß es niemals um das Schweigen an sich gehen kann. Das Schweigen des Christen ist hörendes Schweigen, demütiges Schweigen, das um der Demut willen auch jederzeit durchbrochen werden kann. Es ist das Schweigen in Verbindung mit dem Wort. So meint es Thomas a Kempis, wenn er sagt: „Keiner redet sicherer als wer gern schweigt." Es liegt im Stillesein eine wunderbare Macht der Klärung, der Reinigung, der Sammlung auf das Wesentliche.

Gemeinsames Leben, 66 f

„Ach, daß ich hören sollte, was der Herr redet, daß er Frieden zusagte seinem Volk und seinen Heiligen“ (Ps. 85,9). Zwischen den Klippen des Nationalismus und des Internationalismus ruft die ökumenische Christenheit nach ihrem Herrn und nach seiner Weisung. Nationalismus und Internationalismus sind Fragen der politischen Notwendigkeiten und Möglichkeiten. Aber die Ökumene fragt nicht nach diesen, sondern nach den Geboten Gottes und ruft diese Gebote Gottes ohne Rücksicht mitten hinein in die Welt.

Als Glied der Ökumene hat der Weltbund für Freundschaftsarbeit der Kirchen Gottes Ruf zum Frieden vernommen und richtet diesen Befehl an die Völkerwelt aus. Unsere theologische Aufgabe besteht darum hier allein darin, dieses Gebot als bindendes Gebot zu vernehmen und nicht als offene Frage zu diskutieren. „Friede auf Erden“, das ist kein Problem, sondern ein mit der Erscheinung Christi selbst gegebenes Gebot. Zum Gebot gibt es ein doppeltes Verhalten: den unbedingten, blinden Gehorsam der Tat oder die scheinheilige Frage der Schlange: sollte Gott gesagt haben? Diese Frage ist der Todfeind des Gehorsams, ist darum der Todfeind jeden echten Friedens. Sollte Gott nicht die menschliche Natur besser gekannt haben und wissen, daß Kriege in dieser Welt kommen müssen wie Naturgesetze? Sollte Gott nicht gemeint haben, wir sollten wohl von Frieden reden, aber so wörtlich sei das nicht in die Tat umzusetzen? Sollte Gott nicht doch gesagt haben, wir sollten wohl für den Frieden arbeiten, aber zur Sicherung sollten wir doch Tanks und Giftgas bereitstellen? Und dann das scheinbar Ernsteste: Sollte Gott gesagt haben, du sollst dein Volk nicht schützen? Sollte Gott gesagt haben, du sollst deinen Nächsten dem Feind preisgeben?

Nein, das alles hat Gott nicht gesagt, sondern gesagt hat er, daß Friede sein soll unter den Menschen, daß wir ihm vor allen weiteren Fragen gehorchen sollen, das hat er gemeint. Wer Gottes Gebot in Frage zieht, bevor er gehorcht, der hat ihn schon verleugnet.

Friede soll sein, weil Christus in der Welt ist, d. h. Friede soll sein, weil es eine Kirche Christi gibt, um deretwillen allein die ganze Welt noch lebt. Und diese Kirche Christi lebt zugleich in allen Völkern und doch jenseits aller Grenzen völkischer, politischer, sozialer, rassischer Art, und die Glieder dieser Kirche sind durch das Gebot des einen Herrn Christus, auf das sie hören, unzertrennlicher verbunden als alle Bande der Geschichte, des Blutes, der Klassen und der Sprachen Menschen binden können. Alle diese Bindungen innerweltlicher Art sind wohl gültige, nicht gleichgültige, aber vor Christus auch nicht endgültige Bindungen. Darum ist den Gliedern der Ökumene, sofern sie an Christus bleiben, sein Wort und Gebot des Friedens heiliger, unverbrüchlicher als die heiligsten Worte und Werke der natürlichen Welt es zu sein vermögen. Denn sie wissen: Wer nicht Vater und Mutter hassen kann um seinetwillen, der ist sein nicht wert, der lügt, wenn er sich Christ nennt. Diese Brüder durch Christus gehorchen seinem Wort und zweifeln und fragen nicht, sondern halten sein Gebot des Friedens und schämen sich nicht, der Welt zum Trotz sogar vom ewigen Frieden zu reden. Sie können nicht die Waffen gegeneinander richten, weil sie wissen, daß sie damit die Waffen auf Christus selbst richteten. Es gibt für sie in aller Angst und Bedrängnis des Gewissens keine Ausflucht vor dem Gebot Christi, daß Friede sein soll.
Wie wird Friede? Durch ein System von politischen Verträgen? Durch Investierung internationalen Kapitals in den verschiedenen Ländern, d. h. durch die Großbanken, durch das Geld? Oder gar durch eine allseitige friedliche Aufrüstung zum Zweck der Sicherstellung des Friedens? Nein, durch dieses alles aus dem einen Grunde nicht, weil hier überall *Friede* und *Sicherheit* verwechselt wird. Es gibt keinen Weg zum Frieden auf dem Weg der Sicherheit. Denn Friede muß gewagt werden, ist das eine große Wagnis und läßt sich nie und nimmer sichern. Friede ist das Gegenteil von Sicherung. Sicherheiten fordern heißt Mißtrauen haben, und dieses Mißtrauen gebiert wiederum Krieg. Sicherheiten suchen heißt, sich selber schützen wollen. Friede heißt, sich gänzlich ausliefern dem Gebot Gottes, keine Sicherung wollen, sondern in Glaube und Gehorsam dem allmächti-

gen Gott die Geschicke der Völker in die Hand legen und nicht selbstsüchtig über sie verfügen wollen. Kämpfe werden nicht mit Waffen gewonnen, sondern mit Gott. Sie werden auch dort noch gewonnen, wo der Weg ans Kreuz führt. Wer von uns darf denn sagen, daß er wüßte, was es für die Welt bedeuten könnte, wenn ein Volk – statt mit der Waffe in der Hand – betend und wehrlos und darum gerade bewaffnet mit der allein guten Wehr und Waffe den Angreifer empfinge? (Gideon: ... des Volkes ist zuviel, das mit dir ist... Gott vollzieht hier selbst die Abrüstung!)

Noch einmal darum: Wie wird Friede? Wer ruft zum Frieden, daß die Welt es hört, zu hören gezwungen ist, daß alle Völker darüber froh werden müssen? Der einzelne Christ kann das nicht – er kann wohl, wo alle schweigen, die Stimme erheben und Zeugnis ablegen, aber die Mächte der Welt können wortlos über ihn hinwegschreiten. Die einzelne Kirche kann auch wohl zeugen und leiden – ach, wenn sie es nur täte –, aber auch sie wird erdrückt von der Gewalt des Hasses. Nur das eine große ökumenische Konzil der Heiligen Kirche Christi aus aller Welt kann es so sagen, daß die Welt zähneknirschend das Wort vom Frieden vernehmen muß und daß die Völker froh werden, weil diese Kirche Christi ihren Söhnen im Namen Christi die Waffen aus der Hand nimmt und ihnen den Krieg verbietet und den Frieden Christi ausruft über die rasende Welt.

Warum fürchten wir das Wutgeheul der Weltmächte? Warum rauben wir ihnen nicht die Macht und geben sie Christus zurück? Wir können es heute noch tun. Das ökumenische Konzil ist versammelt, es kann diesen radikalen Ruf zum Frieden an die Christusgläubigen ausgehen lassen. Die Völker warten darauf im Osten und Westen. Müssen wir uns von den Heiden im Osten beschämen lassen? Sollten wir die einzelnen, die ihr Leben an diese Botschaft wagen, allein lassen? Die Stunde eilt – die Welt starrt in Waffen und furchtbar schaut das Mißtrauen aus allen Augen. Die Kriegsfanfare kann morgen geblasen werden – worauf warten wir noch? Wollen wir selbst mitschuldig werden wie nie zuvor?

„Was hülf' mir Kron' und Land und Gold und Ehre?
Die könnten mich nicht freun!
's ist leider Krieg – und ich begehre
nicht schuld daran zu sein!" (M. Claudius)

Wir wollen reden zu dieser Welt, kein halbes, sondern ein ganzes Wort, ein mutiges Wort, ein christliches Wort. Wir wollen beten, daß uns dieses Wort gegeben werde – heute noch –, wer weiß, ob wir uns im nächsten Jahr noch wiederfinden?

Predigten I, 461–465

Feindesliebe

Feindesliebe ist nicht nur dem natürlichen Menschen ein unerträglicher Anstoß. Sie geht ihm über die Kraft und sie verstößt gegen seinen Begriff von Gut und Böse. Wichtiger ist, daß Feindesliebe auch dem Menschen unter dem Gesetz als eine Versündigung gegen das Gesetz Gottes erscheint: die Trennung vom Feinde und seine Verurteilung ist die Forderung des Gesetzes. Aber Jesus nimmt Gottes Gesetz in seine Hände und legt es aus. Überwindung des Feindes – durch Feindesliebe, das ist der Wille Gottes in seinem Gesetz.

Der Feind ist im Neuen Testament immer der, der mir feindlich ist. Mit einem, dem der Jünger Feind sein könnte, rechnet Jesus gar nicht. Dem Feind aber soll zukommen, was dem Bruder zukommt, die Liebe des Nachfolgers Jesu. Das Handeln des Jüngers soll nicht bestimmt sein durch das Handeln der Menschen, sondern durch das Handeln Jesu an ihm. Es hat darum nur eine Quelle, den Willen Jesu.

Vom Feind ist die Rede, also von dem, der Feind bleibt, ungerührt von meiner Liebe; der mir nichts vergibt, wenn ich ihm alles vergebe; der mich haßt, wenn ich ihn liebe; der mich um so mehr schmäht, je ernster ich ihm diene. „Dafür, daß ich sie liebe, sind sie wider mich; ich aber bete" (Ps. 109,4). Aber nicht danach soll die Liebe fragen, ob sie erwidert wird, vielmehr sucht sie den, der ihrer bedarf. Wer aber ist der Liebe bedürftiger als der, der selbst ohne alle Liebe im Haß lebt? Wer ist also auch der Liebe würdiger als mein Feind? Wo wird die Liebe herrlicher gepriesen als mitten unter ihren Feinden?

Keinen Unterschied kennt diese Liebe zwischen verschiedenen Arten von Feinden als den, daß, je feindlicher der Feind ist, desto mehr meine Liebe gefordert ist. Sei es der politische, sei es der religiöse Feind, er hat von dem Nachfolger Jesu nichts zu erwarten als ungeteilte Liebe. Keinen Zwiespalt kennt diese Liebe auch in mir selbst zwischen mir als Privatperson und als Amtsperson. Ich kann doch in beiden nur eines sein, oder ich bin es überhaupt nicht, nämlich Nachfolger Jesu Christi. Wie diese Liebe handle, werde ich gefragt? Jesus sagt es: segnen, wohltun, beten, ohne Bedingung, ohne Ansehen der Person.

„Liebet eure Feinde." Während in dem vorangegangenen Gebot nur von dem wehrlosen Erleiden des Bösen geredet wurde, geht Jesus hier noch weit darüber hinaus. Nicht nur duldend sollen wir das Böse und den Bösen ertragen, nicht nur Schlag nicht mit Widerschlag vergelten, sondern in herzlicher Liebe sollen wir unserem Feinde zugetan sein. Ungeheuchelt und rein sollen wir unserm Feinde dienen und helfen in allen Dingen. Kein Opfer, das der Liebende dem Geliebten darbringen würde, kann uns zu groß und zu kostbar sein für unseren Feind. Sind wir der Liebe zum Bruder unser Gut, unsere Ehre, unser Leben schuldig, so schulden wir es in gleicher Weise unserem Feind. Machen wir uns damit seines Bösen teilhaftig? Nein, denn wie sollte die Liebe, die nicht aus Schwachheit, sondern aus Kraft geboren ist, die nicht aus der Furcht, sondern aus der Wahrheit kommt, am Haß des anderen schuldig werden? Und wem müßte solche Liebe geschenkt werden wenn nicht dem, dessen Herz in Haß erstickt?

„Segnet, die euch fluchen." Trifft uns die Verfluchung des Feindes, so sollen wir die Hände zum Segen erheben: Ihr, unsere Feinde, ihr Gesegneten Gottes, euer Fluch kann uns nicht verletzen, aber eure Armut möge erfüllt werden von dem Reichtum Gottes, von dem Segen dessen, gegen den ihr vergeblich anlauft. Auch wollen wir euren Fluch wohl tragen, wenn ihr nur den Segen davontragt.

„Tut wohl denen, die euch hassen." Nicht nur bei Worten und Gedanken soll es bleiben. Wohltun geschieht in all den Dingen des täglichen Lebens. „So nun deinen Feind hungert, so speise ihn; dürstet ihn, so tränke ihn" (Röm. 12,20). Wie ein Bruder dem Bruder beisteht in der Not, ihm die Wunden verbindet, ihm die Schmerzen lindert, so tue es unsere Liebe am Feind. Wo in der Welt ist auch tiefere Not, wo sind schwerere Wunden und Schmerzen als bei unserem Feind? Wo ist das Wohltun nötiger und seliger als bei unserm Feind? „Geben ist seliger denn nehmen."
„Bittet für die, so euch beleidigen und verfolgen." Das ist das Äußerste. Im Gebet treten wir zum Feind, an seine Seite, wir sind mit ihm, bei ihm, für ihn vor Gott. Jesus verheißt uns nicht, daß uns der Feind, den wir lieben, den wir segnen, dem wir wohltun, nicht beleidigen und verfolgen werde. Er wird es tun. Aber auch hierin kann er uns nicht schaden und überwinden, wenn wir den letzten Schritt zu ihm tun in fürbittendem Gebet. Nun nehmen wir seine Not und Armut, seine Schuld und Verlorenheit mit auf uns, treten vor Gott für ihn ein. Wir tun stellvertretend für ihn, was er nicht tun kann. Jede Beleidigung des Feindes wird uns nur näher mit Gott und unserm Feind verbinden. Jede Verfolgung kann nur dazu dienen, daß der Feind der Versöhnung mit Gott näher gebracht wird, daß die Liebe unüberwindlicher wird.
Wie wird die Liebe unüberwindlich? Darin, daß sie niemals danach fragt, was der Feind ihr antut, sondern allein danach, was Jesus getan hat. Die Feindesliebe führt den Jünger auf den Weg des Kreuzes und in die Gemeinschaft des Gekreuzigten. Aber je gewisser der Jünger auf diesen Weg gedrängt wird, desto gewisser bleibt seine Liebe unüberwunden, desto gewisser überwindet sie den Haß des Feindes; denn sie ist ja nicht seine eigene Liebe. Sie ist ganz allein die Liebe Jesu Christi, der für seine Feinde zum Kreuz ging und am Kreuz für sie betete. Vor dem Kreuzesweg Jesu Christi aber erkennen auch die Jünger, daß sie selbst unter den Feinden Jesu waren, die von seiner Liebe überwunden wurden. Diese Liebe macht den Jünger sehend, daß er im Feind den Bruder erkennt, daß er an ihm handelt wie an seinem Bruder.

Warum? Weil er ja selbst allein aus der Liebe dessen lebt, der an ihm gehandelt hat wie an einem Bruder, der ihn als seinen Feind annahm und in seine Gemeinschaft zog wie seinen Nächsten. Darin macht die Liebe den Nachfolgenden sehend, daß sie auch den Feind eingeschlossen sieht in die Liebe Gottes, daß sie den Feind unter dem Kreuz Jesu Christi sieht. Gott fragte bei mir nicht nach Gut und Böse, weil auch mein Gutes vor ihm gottlos war. Gottes Liebe suchte den Feind, der ihrer bedarf, den er ihrer für würdig achtet. Gott preist seine Liebe am Feind. Das weiß der Nachfolgende. An dieser Liebe hat er durch Jesus teilgenommen. Denn Gott läßt seine Sonne scheinen und regnen über Gerechte und Ungerechte. Es ist aber nicht nur die irdische Sonne und der irdische Regen, die über Gute und Böse gehen, sondern es ist auch die „Sonne der Gerechtigkeit", Jesus Christus selbst und der Regen des göttlichen Wortes, der die Gnade des Vaters im Himmel über die Sünder offenbart. Die ungeteilte, vollkommene Liebe ist die Tat des Vaters, sie ist auch die Tat der Söhne des Vaters im Himmel, wie sie die Tat des eingeborenen Sohnes war.

Nachfolge, 122–125

Polyphonie und Mehrdimensionalität des Lebens

Es ist nun aber die Gefahr in aller starken erotischen Liebe, daß man über ihr – ich möchte sagen: die Polyphonie des Lebens verliert. Ich meine dies: Gott und seine Ewigkeit will von ganzem Herzen geliebt sein, nicht so, daß darunter die irdische Liebe beeinträchtigt oder geschwächt würde, aber gewissermaßen als cantus firmus, zu dem die anderen Stimmen des Lebens als Kontrapunkt erklingen; eines dieser kontrapunktischen Themen, die ihre volle *Selbständigkeit* haben, aber doch auf den cantus firmus bezogen sind, ist die irdische Liebe, und auch in der Bibel steht ja das Hohe Lied und es ist wirklich keine heißere, sinnlichere, glühendere Liebe denkbar als die, von der dort gesprochen wird (cf. 7,6![1]); es ist wirklich gut, daß es in der Bibel

[1] „Wie schön und lieblich bist du, du Liebe voller Wonne."

steht, all denen gegenüber, die das Christliche in der Temperierung der Leidenschaften sehen (wo gibt es solche Temperierung überhaupt im Alten Testament?). Wo der cantus firmus klar und deutlich ist, kann sich der Kontrapunkt so gewaltig entfalten wie nur möglich. Beide sind „ungetrennt und doch geschieden", um mit dem Chalcedonense[2] zu reden, wie in Christus seine göttliche und seine menschliche Natur. Ist nicht vielleicht die Polyphonie in der Musik uns darum so nah und wichtig, weil sie das musikalische Abbild dieser christologischen Tatsache und daher auch unserer vita christiana ist? Ich kam erst gestern nach Deinem Besuch auf diesen Gedanken. Verstehst Du, was ich meine? Ich wollte Dich bitten, laßt in Eurem Zusammensein den cantus firmus recht deutlich erklingen, erst dann gibt es den vollen und ganzen Klang, und der Kontrapunkt weiß sich immer getragen, er kann nicht abgleiten, er kann sich nicht lösen und bleibt doch ein Eigenes, Ganzes, ganz für sich. Wenn man in dieser Polyphonie steht, dann wird das Leben erst ganz, und zugleich weiß man, daß nichts Unheilvolles geschehen kann, solange der cantus firmus durchgehalten wird. Vielleicht wird in diesen jetzigen gemeinsamen Tagen, aber auch in möglicherweise kommenden Tagen der Trennung vieles leichter zu tragen sein. Bitte, Eberhard, fürchte und hasse nicht die Trennung, wenn sie wieder kommen sollte, und alle ihre Gefahren, sondern verlaß Dich auf den cantus firmus. Ich weiß nicht, ob ich es jetzt richtig gesagt habe, man sagt so etwas selten …
Ich beobachte hier immer wieder, daß es so wenige Menschen gibt, die viele Dinge gleichzeitig in sich beherbergen können; wenn Flieger kommen, sind sie nur Angst; wenn es etwas Gutes zu essen gibt, sind sie nur Gier; wenn ihnen ein Wunsch fehlschlägt, sind sie nur verzweifelt; wenn etwas gelingt, sehen sie nichts anderes mehr. Sie gehen an der Fülle des Lebens und an der Ganzheit einer eigenen Existenz vorbei; alles Objektive und Subjektive löst sich für sie in Bruchstücke auf. Demgegenüber stellt uns das Christentum in viele verschiedene Dimensionen

---

[2] Bekenntnis des Konzils von Chalcedon im Jahre 451, das die christologische Lehrbildung (Zweinaturenlehre) zum Abschluß brachte.

des Lebens zu gleicher Zeit; wir beherbergen gewissermaßen Gott und die ganze Welt in uns. Wir weinen mit den Weinenden und freuen uns zugleich mit den Fröhlichen; wir bangen (– ich wurde gerade wieder vom Alarm unterbrochen und sitze jetzt im Freien und genieße die Sonne –) um unser Leben, aber wir müssen doch zugleich Gedanken denken, die uns viel wichtiger sind als unser Leben. Sobald wir z. B. bei einem Alarm in eine andere Richtung geworfen werden als in die der Sorge um die eigene Sicherheit, also z. B. in die Aufgabe, Ruhe um uns zu verbreiten, wird die Situation eine völlig andere; das Leben wird nicht in eine einzige Dimension zurückgedrängt, sondern es bleibt mehrdimensional-polyphon. Welch' eine Befreiung ist es, denken zu können und in Gedanken die Mehrdimensionalität aufrecht zu erhalten. Ich habe es mir hier fast zur Regel gemacht, wenn die Leute kurz vor dem Angriff zittern, immer nur davon zu reden, daß für die kleineren Städte ein solcher Angriff noch viel schlimmer wäre. Man muß die Menschen aus dem einlinigen Denken herausreißen – gewissermaßen als „Vorbereitung“ bzw. „Ermöglichung“ des Glaubens, obwohl es in Wahrheit erst der Glaube selbst ist, der das Leben in der Mehrdimensionalität ermöglicht...

Das Weizsäcker'sche Buch über das „Weltbild der Physik“ beschäftigt mich noch sehr. Es ist mir wieder ganz deutlich geworden, daß man Gott nicht als Lückenbüßer unserer unvollkommenen Erkenntnis figurieren lassen darf; wenn nämlich dann – was sachlich zwangsläufig ist – sich die Grenzen der Erkenntnis immer weiter herausschieben, wird mit ihnen auch Gott immer weiter weggeschoben und befindet sich demgemäß auf einem fortgesetzten Rückzug. In dem, was wir erkennen, sollen wir Gott finden, nicht aber in dem, was wir nicht erkennen; nicht in den ungelösten, sondern in den gelösten Fragen will Gott von uns begriffen sein. Das gilt für das Verhältnis von Gott und wissenschaftlicher Erkenntnis.

Aber es gilt auch für die allgemein menschlichen Fragen von Tod, Leiden und Schuld. Es ist heute so, daß es auch für diese Fragen menschliche Antworten gibt, die von Gott ganz absehen können. Menschen werden faktisch – und so war es zu allen Zeiten – auch ohne Gott mit diesen Fragen fertig, und es ist einfach nicht wahr, daß *nur* das Christentum eine Lösung für sie hätte. Was den Begriff der „Lösung" angeht, so sind vielmehr die christlichen Antworten ebenso wenig – (oder ebenso gut) – zwingend wie andere mögliche Lösungen. Gott ist auch hier kein Lückenbüßer; nicht erst an den Grenzen unserer Möglichkeiten, sondern mitten im Leben muß Gott erkannt werden; im Leben und nicht erst im Sterben, in Gesundheit und Kraft und nicht erst im Leiden, im Handeln und nicht erst in der Sünde will Gott erkannt werden. Der Grund dafür liegt in der Offenbarung Gottes in Jesus Christus. Er ist die Mitte des Lebens und ist keineswegs „dazu gekommen", uns ungelöste Fragen zu beantworten. Von der Mitte des Lebens aus fallen gewisse Fragen überhaupt aus und ebenso die Antworten auf solche Fragen (ich denke an das Urteil über Hiobs Freunde!). In Christus gibt es keine „christlichen Probleme".

20. und 21. 5. 1944. Widerstand und Ergebung, 331 f, 340 f

Erfülltes Leben trotz unerfüllter Wünsche

Deine Sehnsucht... wird in diesen gefahrvollen Tagen besonders stark sein, und jeder Brief wird sie nur vergrößern. Aber gehört es nicht zum Wesen des Mannes, im Unterschied zum Unfertigen, daß das Schwergewicht seines Lebens immer dort ist, wo er sich gerade befindet, und daß die Sehnsucht nach der Erfüllung seiner Wünsche ihn doch nicht davon abzubringen vermag, dort, wo er nun einmal steht, ganz das zu sein, was er ist? Der Heranwachsende ist nie ganz dort, wo er ist; das gehört geradezu zu seinem Wesen, sonst wäre er vermutlich ein Stumpfbold; der Mann ist immer ein ganzer und entzieht der Gegenwart nichts. Seine Sehnsucht, die den anderen Menschen verborgen bleibt, ist immer schon eine irgendwie überwundene Sehnsucht; und je mehr er zu überwinden hat, um immer ganz gegenwärtig zu sein, desto geheimnisvoller und vertrauenswürdiger wird er im Grunde seines Wesens für die Mitmenschen, insbesondere für Jüngere, die noch auf dem Wege sind, den er schon durchschritten hat. Wünsche, an die wir uns zu sehr klammern, rauben uns leicht etwas von dem, was wir sein sollen und können. Wünsche, die wir um der gegenwärtigen Aufgabe willen immer wieder überwinden, machen uns – umgekehrt – reicher. Wunschlosigkeit ist Armut. In meiner jetzigen Umgebung finde ich fast nur Menschen, die sich an ihre Wünsche klammern und dadurch für andere Menschen nichts sind; sie hören nicht mehr und sind unfähig zur Nächstenliebe. Ich denke, auch hier muß man leben, als gäbe es keine Wünsche und keine Zukunft, und ganz der sein, der man ist. Es ist merkwürdig, wie sich andere Menschen dann an uns halten, ausrichten und sich etwas sagen lassen. Ich schreibe Dir das alles, weil ich denke, daß Du in dieser Zeit auch eine sehr große Aufgabe hast und weil Du später froh sein wirst im Gedanken daran, daß Du sie erfüllt hast, soweit es ging. Wenn man einen Menschen in Gefahr weiß, möchte man ihn ganz als den wissen, der er ist. Es gibt erfülltes Leben trotz vieler unerfüllter Wünsche; das ist es wohl, was ich eigentlich sagen wollte. Verzeih, daß ich Dir immer wieder mit solchen „Betrachtungen" komme, aber ich lebe eben hier vorwiegend in der Betrachtung, und Du verstehst das schon richtig. Im übrigen muß ich in notwendiger Ergänzung zu dem Vorigen sagen, daß ich mehr denn je daran glaube, daß wir auch der Erfüllung unserer Wünsche entgegengehen und uns keineswegs der Resignation hinzugeben haben.

19. 3. 1944. Widerstand und Ergebung, 262 f

Lebensfragment

Je länger wir aus unserem eigentlichen beruflichen und persönlichen Lebensbereich herausgerissen sind, desto mehr empfinden wir, daß unser Leben – im Unterschied zu dem unserer Eltern – fragmentarischen Charakter hat. Die Darstellung der großen Gelehrtengestalten des vorigen Jahrhunderts in Harnack's „Geschichte der Akademie" macht mir das besonders deutlich und stimmt einen fast etwas wehmütig. Wo gibt es heute noch ein geistiges „Lebenswerk"? Wo gibt es das Sammeln, Verarbeiten und Entfalten, aus dem ein solches entsteht? Wo gibt es noch die schöne Zwecklosigkeit und doch die große Planung, die zu einem solchen Leben gehört? Ich glaube, auch bei Technikern und Naturwissenschaftlern, die als einzige noch frei arbeiten können, existiert so etwas nicht mehr. Wenn mit dem Ende des 18. Jahrhunderts der „Universalgelehrte“ zu Ende geht und im 19. Jahrhundert an die Stelle der extensiven Bildung die intensive tritt, wenn schließlich aus ihr sich gegen Ende des vorigen Jahrhunderts der „Spezialist“ entwickelt, so ist heute eigentlich jeder nur noch „Techniker“ – selbst in der Kunst (in der Musik von gutem Format, in Malerei und Dichtung nur von höchst mäßigem!). Unsere geistige Existenz aber bleibt ein Torso. Es kommt wohl nur darauf an, ob man dem Fragment unsres Lebens noch ansieht, wie das Ganze eigentlich angelegt und gedacht war und aus welchem Material es besteht. Es gibt schließlich Fragmente, die nur noch auf den Kehrichthaufen gehören (selbst eine anständige „Hölle“ ist noch zu gut für sie) und solche, die bedeutsam sind auf Jahrhunderte hinaus, weil ihre Vollendung nur eine göttliche Sache sein kann, also Fragmente, die Fragmente sein müssen – ich denke zum Beispiel an die Kunst der Fuge. Wenn unser Leben auch nur ein entfernter Abglanz eines solchen Fragments ist, in dem wenigstens eine kurze Zeit lang die sich immer stärker häufenden, verschiedenen Themata zusammenstimmen und in dem der große Kontrapunkt vom Anfang bis zum Ende durchgehalten wird, so daß schließlich nach dem Abbruch höchstens noch der Choral: „Vor Deinen Thron tret ich hiermit“ intoniert werden kann, dann wollen wir uns auch über unser fragmentarisches Leben nicht beklagen, sondern daran sogar froh werden.

23. 2. 1944. Widerstand und Ergebung, 245 f

Zuversicht zum eigenen Werk

Ich habe noch nicht auf Deine Gedanken über Michelangelo – Burckhardt – „hilaritas“ geantwortet. Es leuchtet mir einerseits ein, jedenfalls was Burckhardt's Thesen angeht. Andrerseits darf man die hilaritas nicht nur als die klassische Heiterkeit (Raffael, Mozart) verstehen; auch – um ein paar Namen zu nennen – Walther von der Vogelweide, der Bamberger Reiter, Luther, Lessing, Rubens, Hugo Wolf, Karl Barth haben etwas von der hilaritas, die ich auch als Zuversicht zum eigenen Werk, als Kühnheit und Herausforderung der Welt und des vulgären Urteils, als feste Gewißheit, der Welt mit dem eigenen Werk, auch wenn es ihr nicht gefällt, etwas *Gutes* zu erweisen, als hochgemute Selbstgewißheit beschreiben möchte. Ich gebe zu, daß Michelangelo oder auch Rembrandt – und mit Abstand –, Kierkegaard, Nietzsche auf ganz anderer Linie liegen als die vorher Genannten. Es liegt etwas weniger Thetisches, Evidentes, Abgeschlossenes in ihren Werken, etwas weniger Überwundenes, weniger Abstand von sich selbst und Humor. Trotzdem würde ich auf einige von ihnen den Begriff der hilaritas in dem beschriebenen Sinne anwenden, als notwendiges Attribut der Größe. Hier liegt die – vermutlich bewußte – Schranke Burckhardt's.

Ich habe mich in letzter Zeit mit der nicht durch Renaissance bedingten, sondern aus dem Mittelalter, vermutlich aus der Kaiseridee im Kampf gegen das Papsttum erwachsenen „Weltlichkeit" des 13. Jahrhunderts (Walther von der Vogelweide, Nibelungen, Parzival, erstaunlich die Toleranz gegen die Mohammedaner in der Gestalt des Halbbruders Parzival's Feirefiz!, Naumburger und Magdeburger Dom) beschäftigt. Es ist nicht eine „emanzipierte", sondern eine „christliche", aber auch antiklerikale Weltlichkeit. Wo ist diese, von der Renaissance ganz wesensverschiedene, „Weltlichkeit" eigentlich abgebrochen? Ich glaube bei Lessing – im Unterschied zur westlichen Aufklärung – noch etwas davon zu entdecken, in anderer Weise auch noch bei Goethe und später bei Stifter und Mörike (von Claudius und Gotthelf ganz zu schweigen), gar nicht aber bei Schiller und den Idealisten. Es wäre so wichtig, hier zu einer guten Ahnenreihe zu kommen.

9.3.1944. Widerstand und Ergebung, 257 f

Freundschaft

Was Du in diesem Zusammenhang über die Freundschaft, die sich im Unterschied zu Ehe und Verwandtschaft keiner allgemein anerkannten Rechte erfreut und die daher ganz auf dem ihr innewohnenden Gehalt beruht, sagst, finde ich sehr gut beobachtet. Es ist ja tatsächlich nicht leicht, die Freundschaft soziologisch einzuordnen. Sie muß wohl als ein Unterbegriff des Kultur- und Bildungsbegriffs verstanden werden, während Bruderschaft unter den Kirchenbegriff und Kameradschaft unter den Begriff der Arbeit und den Begriff des Politischen fällt. Ehe, Arbeit, Staat und Kirche haben ihr konkretes göttliches Mandat, wie steht es aber mit Kultur und Bildung? Ich glaube nicht, daß man sie einfach dem Arbeitsbegriff unterordnen kann, so verlokkend das in vieler Hinsicht wäre.
Sie gehören nicht in den Bereich des Gehorsams, sondern in den Spielraum der Freiheit, der alle drei Bereiche der göttlichen Mandate umgibt. Wer von diesem Spielraum der Freiheit nichts weiß, kann ein guter Vater, Bürger und Arbeiter, wohl auch ein Christ sein, aber ob er ein voller Mensch ist (und insofern auch ein Christ im vollen Umfang des Begriffs), ist mir fraglich. Unsere „protestantisch"-(nicht lutherisch!-)preußische Welt ist so stark durch die 4 Mandate bestimmt, daß der Spielraum der Freiheit dahinter ganz zurückgetreten ist. Ob vielleicht – so scheint es heute fast der Begriff der Kirche es ist, von dem aus allein das Verständnis für den Spielraum der Freiheit (Kunst, Bildung, Freundschaft, Spiel) wieder zu gewinnen ist, also die „ästhetische Existenz" (Kierkegaard) gerade nicht aus dem Bereich der Kirche zu verweisen, sondern gerade in ihr neu zu begründen wäre? Ich glaube das eigentlich, und der Anschluß an das Mittelalter würde auch von hier aus neu gewonnen werden! Wer kann denn z. B. in unseren Zeiten noch unbeschwert Musik oder Freundschaft pflegen, spielen und sich freuen? Sicher nicht der „ethische" Mensch, sondern nur der Christ. Gerade weil die Freundschaft in den Bereich dieser Freiheit („des Christenmenschen"!?) gehört, muß man sie allem Stirnrunzeln der „ethischen" Existenz gegenüber zuversichtlich verteidigen – gewiß ohne den

Anspruch auf die „necessitas" [Notwendigkeit] eines göttlichen Gebotes, aber mit dem Anspruch auf die „necessitas" der Freiheit! Ich glaube, daß innerhalb des Bereiches dieser *Freiheit* die Freundschaft das weitaus seltenste – wo gibt es sie eigentlich noch in unserer vorwiegend durch die 3 ersten Mandate bestimmten Welt? – und kostbarste Gut ist. Es läßt sich mit den Gütern der Mandate nicht vergleichen, es ist ihnen gegenüber sui generis, aber gehört doch zu ihnen wie die Kornblume zum Ährenfeld. *23. 1. 1944. Widerstand und Ergebung, 216f*

Wer ist Jesus Christus für uns heute?

Was mich unablässig bewegt, ist die Frage, was das Christentum oder auch wer Christus heute für uns eigentlich ist. Die Zeit, in der man das den Menschen durch Worte – seien es theologische oder fromme Worte – sagen könnte, ist vorüber; ebenso die Zeit der Innerlichkeit und des Gewissens, und d. h. eben die Zeit der Religion überhaupt. Wir gehen einer völlig religionslosen Zeit entgegen; die Menschen können einfach, so wie sie nun einmal sind, nicht mehr religiös sein. Auch diejenigen, die sich ehrlich als „religiös" bezeichnen, praktizieren das in keiner Weise; sie meinen vermutlich mit „religiös" etwas ganz anderes.
Unsere gesamte 1900jährige christliche Verkündigung und Theologie aber baut auf dem „religiösen Apriori" der Menschen auf. „Christentum" ist immer eine Form (vielleicht die wahre Form) der „Religion" gewesen. Wenn nun aber eines Tages deutlich wird, daß dieses „Apriori" gar nicht existiert, sondern daß es eine geschichtlich bedingte und vergängliche Ausdrucksform des Menschen gewesen ist, wenn also die Menschen wirklich radikal religionslos werden – und ich glaube, daß das mehr oder weniger bereits der Fall ist (woran liegt es z. B. daß dieser Krieg im Unterschied zu allen bisherigen eine „religiöse" Reaktion nicht hervorruft?) –, was bedeutet das dann für das „Christentum"? Unserem ganzen bisherigen „Christentum" wird das Fundament entzogen, und es sind nur noch einige „letzte Ritter" oder ein paar intellektuell Unredliche, bei denen

wir „religiös" landen können. Sollten das etwa die wenigen Auserwählten sein? Sollen wir uns eifernd, piquiert oder entrüstet ausgerechnet auf diese zweifelhafte Gruppe von Menschen stürzen, um unsere Ware bei ihnen abzusetzen? Sollen wir ein paar Unglückliche in ihrer schwachen Stunde überfallen und sie sozusagen religiös vergewaltigen? Wenn wir das alles nicht wollen, wenn wir schließlich auch die westliche Gestalt des Christentums nur als Vorstufe einer völligen Religionslosigkeit beurteilen müßten, was für eine Situation entsteht dann für uns, für die Kirche? Wie kann Christus der Herr auch der Religionslosen werden? Gibt es religionslose Christen? Wenn die Religion nur ein Gewand des Christentums ist – und auch dieses Gewand hat zu verschiedenen Zeiten sehr verschieden ausgesehen –, was ist dann ein religionsloses Christentum?
Barth, der als einziger in dieser Richtung zu denken angefangen hat, hat diese Gedanken dann doch nicht durchgeführt und durchdacht, sondern ist zu einem Offenbarungspositivismus gekommen, der letzten Endes doch im Wesentlichen Restauration geblieben ist. Für den religionslosen Arbeiter oder Menschen überhaupt ist hier nichts Entscheidendes gewonnen. Die zu beantwortenden Fragen wären doch: was bedeutet eine Kirche, eine Gemeinde, eine Predigt, eine Liturgie, ein christliches Leben in einer religionslosen Welt? Wie sprechen wir von Gott – ohne Religion, d. h. eben ohne die zeitbedingten Voraussetzungen der Metaphysik, der Innerlichkeit etc., etc.? Wie sprechen (oder vielleich kann man eben nicht einmal mehr davon „sprechen" wie bisher) wir „weltlich" von „Gott", wie sind wir „religionslos-weltlich" Christen, wie sind wir ἐκ-κλησία, Herausgerufene, ohne uns religiös als Bevorzugte zu verstehen, sondern vielmehr als ganz zur Welt Gehörige? Christus ist dann nicht mehr Gegenstand der Religion, sondern etwas ganz anderes, wirklich Herr der Welt. Aber was heißt das? Was bedeutet in der Religionslosigkeit der Kultus und das Gebet? Bekommt hier die Arkandisziplin bzw. die Unterscheidung (die Du ja bei mir schon kennst) von Vorletztem und Letztem neue Wichtigkeit?...
Oft frage ich mich, warum mich ein „christlicher Instinkt"

häufig mehr zu den Religionslosen als zu den Religiösen zieht, und zwar durchaus nicht in der Absicht der Missionierung, sondern ich möchte fast sagen „brüderlich“! Während ich mich den Religiösen gegenüber oft scheue, den Namen Gottes zu nennen – weil er mir hier irgendwie falsch zu klingen scheint und ich mir selbst etwas unehrlich vorkomme (besonders schlimm ist es, wenn die anderen in religiöser Terminologie zu reden anfangen, dann verstumme ich fast völlig und es wird mir irgendwie schwül und unbehaglich) –, kann ich den Religionslosen gegenüber gelegentlich ganz ruhig und wie selbstverständlich Gott nennen. Die Religiösen sprechen von Gott, wenn menschliche Erkenntnis (manchmal schon aus Denkfaulheit) zu Ende ist oder wenn menschliche Kräfte versagen – es ist eigentlich immer der deus ex machina, den sie aufmarschieren lassen, entweder zur Scheinlösung unlösbarer Probleme oder als Kraft bei menschlichem Versagen, immer also in Ausnutzung menschlicher Schwäche bzw. an den menschlichen Grenzen; das hält zwangsläufig immer nur solange vor, bis die Menschen aus eigener Kraft die Grenzen etwas weiter hinausschieben und Gott als deus ex machina überflüssig wird; das Reden von den menschlichen Grenzen ist mir überhaupt fragwürdig geworden (ist der Tod heute, da die Menschen ihn kaum noch fürchten, und die Sünde, die die Menschen kaum noch begreifen, noch eine echte Grenze?), es scheint mir immer, wir wollten dadurch nur ängstlich Raum aussparen für Gott; – ich möchte von Gott nicht an den Grenzen, sondern in der Mitte, nicht in den Schwächen, sondern in der Kraft, nicht also bei Tod und Schuld, sondern im Leben und im Guten des Menschen sprechen. An den Grenzen scheint es mir besser, zu schweigen und das Unlösbare ungelöst zu lassen. Der Auferstehungsglaube ist nicht die „Lösung“ des Todesproblems. Das „Jenseits“ Gottes ist nicht das Jenseits unseres Erkenntnisvermögens! Die erkenntnistheoretische Transzendenz hat mit der Transzendenz Gottes nichts zu tun. Gott ist mitten in unserm Leben jenseits. Die Kirche steht nicht dort, wo das menschliche Vermögen versagt, an den Grenzen, sondern mitten im Dorf. So ist es alttestamentlich und in diesem Sinne lesen wir das N. T. noch viel zu wenig vom Alten her. Wie dieses religionslose Christentum aussieht, welche Gestalt es annimmt, darüber denke ich nun viel nach und ich schreibe Dir bald darüber mehr. Vielleicht wird hier gerade uns in der Mitte zwischen Osten und Westen eine wichtige Aufgabe zufallen. –

30. 4. 1944. Widerstand und Ergebung, 305–308

Erneuerung der Welt

Was heißt nun „religiös interpretieren"?
Es heißt m. E. einerseits metaphysisch, andrerseits individualistisch reden. Beides trifft weder die biblische Botschaft noch den heutigen Menschen. Ist nicht die individualistische Frage nach dem persönlichen Seelenheil uns allen fast völlig entschwunden? Stehen wir nicht wirklich unter dem Eindruck, daß es wichtigere Dinge gibt als diese Frage (vielleicht nicht als diese *Sache*, aber doch als diese *Frage!?*)? Ich weiß, daß es ziemlich ungeheuerlich klingt, dies zu sagen. Aber ist es nicht im Grunde sogar biblisch? Gibt es im A. T. die Frage nach dem Seelenheil überhaupt? Ist nicht die Gerechtigkeit und das Reich Gottes auf Erden der Mittelpunkt von allem? Und ist nicht auch Römer 3,24 ff. das Ziel des Gedankens, daß Gott allein gerecht sei, und nicht eine individualistische Heilslehre? Nicht um das Jenseits, sondern um diese Welt, wie sie geschaffen, erhalten, in Gesetze gefaßt, versöhnt und erneuert wird, geht es doch. Was über diese Welt hinaus ist, will im Evangelium *für* diese Welt da sein; ich meine das nicht in dem anthropozentrischen Sinne der liberalen, mystischen, pietistischen, ethischen Theologie, sondern in dem biblischen Sinne der Schöpfung und der Inkarnation, Kreuzigung und Auferstehung Jesu Christi.

5. 5. 1944. Widerstand und Ergebung, 312

In Freude verwandelte Erinnerung

Für die Euch nun bevorstehende Zeit der Trennung möchte ich Euch gern einiges sagen. Wie schwer uns solche Trennung fällt, davon braucht man gar nicht erst zu sprechen. Aber da ich ja nun ¾ Jahr von allen Menschen, an denen ich hänge, getrennt bin, habe ich einige Erfahrungen gemacht, die ich Euch schreiben möchte... Zunächst: Es gibt nichts, was uns die Abwesenheit eines lieben Menschen ersetzen kann, und man soll das auch gar nicht versuchen; man muß es einfach aushalten und durchhalten; das klingt zunächst sehr hart, aber es ist doch zugleich ein großer Trost; denn indem die Lücke wirklich unausgefüllt bleibt, bleibt man durch sie miteinander verbunden. Es ist verkehrt, wenn man sagt, Gott füllt die Lücke aus; er füllt sie gar nicht aus, sondern er hält sie vielmehr gerade unausgefüllt und hilft uns dadurch, unsere echte Gemeinschaft miteinander – wenn auch unter Schmerzen – zu bewahren. Ferner: Je schöner und voller die Erinnerungen, desto schwerer die Trennung. Aber die Dankbarkeit verwandelt die Qual der Erinnerung in eine stille Freude. Man trägt das vergangene Schöne nicht wie einen Stachel, sondern wie ein kostbares Geschenk in sich. Man muß sich hüten, in den Erinnerungen zu wühlen, sich ihnen auszuliefern, wie man auch ein kostbares Geschenk nicht immerfort betrachtet, sondern nur zu besonderen Stunden und es sonst nur wie einen verborgenen Schatz, dessen man sich gewiß ist, besitzt; dann geht eine dauernde Freude und Kraft von dem Vergangenen aus. Ferner: Trennungszeiten sind für das Zusammenleben nicht verloren und unfruchtbar, sie brauchen es jedenfalls nicht zu sein, sondern es kann sich in ihnen – allen Problemen zum Trotz – eine ganz merkwürdig starke Gemeinschaft bilden. Weiter: Ich habe es hier besonders erfahren, daß die Tatsachen immer bewältigt werden können und daß nur die Sorge und die Angst sie vorher ins Maßlose vergrößern. Vom ersten Aufwachen bis zum Einschlafen müssen wir den anderen Menschen ganz und gar Gott befehlen und ihm überlassen und aus unseren Sorgen um den anderen Gebete für ihn werden lassen. „Mit Sorgen und mit Grämen... läßt Gott sich *gar nichts* nehmen"...

24.12.1943. Widerstand und Ergebung, 198 f

II. Tat

Hinführung

„Wir haben zu stark in Gedanken gelebt und gemeint, es sei möglich, jede Tat vorher durch das Bedenken aller Möglichkeiten so zu sichern, daß sie dann ganz von selbst geschieht. Erst zu spät haben wir gelernt, daß nicht der Gedanke, sondern die Verantwortungsbereitschaft der Ursprung der Tat ist" (Widerstand und Ergebung, 325). Diese Sätze markieren einen tiefen Einschnitt im Leben Bonhoeffers. Sie sind Eingeständnis von Schwäche, wenn nicht gar von Schuld. Auf jeden Fall sind sie eine Absage an die Vergangenheit, an voraufgegangene Denk- und Verhaltensweisen, nicht nur der eigenen, sondern ganzer Generationen der geistig führenden Schichten unseres Volkes. Bonhoeffer schließt sich in dieses Versagen ausdrücklich ein. Man war gewohnt, sich in vorgegebene Ordnungen und Lebensformen einzufügen. Hier suchte man seine Lebensleistung. Verantwortung war begrenzt auf Aufgaben innerhalb dieser Ordnung. Erst recht und verstärkt galt das im Selbstverständnis der Kirche. Man wußte von keinem Mandat für das Ganze, von keiner Verantwortung für die Gestalt des öffentlichen, staatlichen Lebens.

Der Einbruch mußte in dem Augenblick erfolgen, als alle Macht und Verantwortung für deren Gebrauch in die Hände von Leuten geriet, die selbst jenseits aller Verantwortung standen. Für jetzt zu beschreitende Wege, zu fällende Entscheidungen, zu vollbringende Taten gab es so gut wie gar keine Erfahrung. Daß Glaube Gehorsam einschließt, war einem guten Christen nichts Neues, wohl aber, welche Dimensionen der Glaubensgehorsam jetzt anzunehmen hatte. Er führte durch unbekanntes und gefährliches Gelände. Nur wenige Christen in unserem Volk haben diesen Pioniergang so uneingeschränkt gewagt und bejaht wie Bonhoeffer, im Denken und im Handeln. Das Denken ist dabei niemals eine nachträgliche Rechtfertigung des Handelns, sondern seine Voraussetzung. Und wird andererseits nur auf dem Wege des Handelns gewonnen. Bonhoeffers Fragmente zur

Ethik sind Dokumentationen dieser doppelten Bezogenheit. Wer sie liest, erfährt sich an die Existenzprobleme jener Zeit (nur jener? nicht genauso unserer?) herangeführt und in den Prozeß einer angemessenen Beantwortung hineingezogen. Dabei geht es nicht ab ohne überraschende, manchmal schmerzliche, aber am Ende immer befreiende und beglückende Umschmelzung gängiger Vorstellungen, wie in dem Aufsatz: „Was heißt: Die Wahrheit sagen?" oder in dem Kapitel „Das Gewissen".

Die inhaltliche Mitte in diesem zweiten Kapitel ist der Essay „Nach zehn Jahren". Um ihn gruppieren sich alle anderen Beiträge. Bonhoeffer schrieb ihn zur Jahreswende 1942/43, ein paar Monate vor seiner Verhaftung, und gab ihn einigen der engsten Freunde und Mitstreiter an die Hand, als unbestechliche Rechenschaftsablage, als scharfsinnige Analyse der Gegenwart, als Kompendium unbedingt im Auge zu behaltender Wahrheiten, und nicht zuletzt zur Vergewisserung auf dem beschrittenen Weg. Was er auf den paar Seiten dieses Dokumentes nicht leisten konnte und auch nicht zu leisten brauchte, ist in den Beiträgen „Stellvertretung", „Schuldübernahme", „Das Gewissen" (sämtlich aus der „Ethik") nachzulesen, nämlich daß und wie alles hier zur Sprache Gebrachte seine ausschließliche und zureichende Begründung erfährt in der Bindung an Jesus Christus. Man versteht von Bonhoeffer überhaupt nichts, wenn man nicht sieht, daß sein politischer Weg ein Akt der Nachfolge Christi ist, ein besonderer zwar, aber für ihn ein unausweichlicher. Und für uns, unsere Kirche, für die Christenheit der Welt ein wahrer Segen!

O. D.

Nur der Gehorsam glaubt

Nachfolge ist Bindung an Christus; weil Christus ist, darum muß Nachfolge sein. Eine Idee von Christus, ein Lehrsystem, eine allgemeine religiöse Erkenntnis von der Gnade oder Sündenvergebung macht Nachfolge nicht notwendig, ja schließt sie in Wahrheit aus, ist der Nachfolge feindlich. Zu einer Idee tritt man in ein Verhältnis der Erkenntnis, der Begeisterung, vielleicht auch der Verwirklichung, aber niemals der persönlichen gehorsamen Nachfolge. Ein Christentum ohne den lebendigen Jesus Christus bleibt notwendig ein Christentum ohne Nachfolge, und ein Christentum ohne Nachfolge ist immer ein Christentum ohne Jesus Christus; es ist Idee, Mythos. Ein Christentum, in dem es nur den Vatergott, aber nicht Christus als lebendigen Sohn gibt, hebt die Nachfolge geradezu auf. Hier gibt es Gottvertrauen, aber nicht Nachfolge. Allein weil der Sohn Gottes Mensch wurde, weil er *Mittler* ist, ist Nachfolge das rechte Verhältnis zu ihm. Nachfolge ist gebunden an den Mittler, und wo von Nachfolge recht gesprochen wird, dort wird von dem Mittler Jesus Christus, dem Sohn Gottes, gesprochen. Nur der Mittler, der Gottmensch, kann in die Nachfolge rufen.

Nachfolge ohne Jesus Christus ist Eigenwahl eines vielleicht idealen Weges, vielleicht eines Märtyrerweges, aber sie ist ohne Verheißung. Jesus muß sie verwerfen...

Der Begriff einer Situation, in der geglaubt werden kann, ist nur die Umschreibung des Sachverhalts, in dem die folgenden zwei Sätze gelten, die in gleicher Weise wahr sind: *Nur der Glaubende ist gehorsam, und nur der Gehorsame glaubt.*

Es ist eine schwere Einbuße an biblischer Treue, wenn wir den ersten Satz ohne den zweiten lassen. Nur der Glaubende ist gehorsam, das meinen wir zu verstehen. Der Gehorsam folge ja dem Glauben, wie die gute Frucht dem guten Baum, sagen wir dann. Erst ist der Glaube, dann erst Gehorsam. Soll damit nur dies bezeugt sein, daß allein der Glaube rechtfertigt und nicht das Tun des Gehorsams, so ist das allerdings die notwendige und unumstößliche Voraussetzung für alles weitere. Sollte aber damit irgendeine zeitliche Bestimmung gegeben sein, daß erst geglaubt

werden müsse und später der Gehorsam folge, so werden Glaube und Gehorsam auseinandergerissen, und es bleibt dann die höchst praktische Frage offen, wann der Gehorsam anzufangen habe. Der Gehorsam bleibt vom Glauben getrennt. Um der Rechtfertigung willen müssen ja Glaube und Gehorsam getrennt werden, aber diese Trennung darf niemals die Einheit beider aufheben, die darin liegt, daß Glaube nur im Gehorsam existiert, niemals ohne Gehorsam ist, daß Glaube nur in der Tat des Gehorsams Glaube ist.
Um der Uneigentlichkeit der Rede vom Gehorsam als einer Folge des Glaubens willen, um des Hinweises auf die unauflösliche Einheit von Glauben und Gehorsam willen muß nun dem Satz, daß nur der Glaubende gehorsam sei, der andere gegenübergestellt werden: Nur der Gehorsame glaubt. Ist dort der Glaube die Voraussetzung des Gehorsams, so ist hier der Gehorsam die Voraussetzung des Glaubens. In genau derselben Weise, in der der Gehorsam Folge des Glaubens genannt wird, ist er auch Voraussetzung des Glaubens zu nennen.
Nur der Gehorsame glaubt. Es muß Gehorsam geleistet werden gegen einen konkreten Befehl, damit geglaubt werden kann. Es muß ein erster Schritt des Gehorsams gegangen werden, damit Glaube nicht frommer Selbstbetrug, billige Gnade werde.

Nachfolge, 30 f, 35 f

Neue Aufgaben

Meine in der letzten Zeit doch stark auf dem weltlichen Sektor liegende Tätigkeit gibt immer wieder zu denken. Ich wundere mich, daß ich tagelang ohne die Bibel lebe und leben kann – ich würde es dann nicht als Gehorsam, sondern als Autosuggestion empfinden, wenn ich mich dazu zwingen würde. Ich verstehe, daß solche Autosuggestion eine große Hilfe sein könnte und ist, aber ich fürchte auf diese Weise eine echte Erfahrung zu verfälschen und letzten Endes doch nicht die echte Hilfe zu erfahren. Wenn ich dann wieder die Bibel aufschlage, ist sie mir neu und beglückend wie nie, und ich möchte nur einmal predigen. Ich weiß, daß ich nur meine eigenen Bücher aufzuschlagen brauche, um zu hören, was sich gegen dies alles sagen läßt. Ich will mich auch nicht rechtfertigen, sondern ich erkenne, daß ich „geistlich" viel reichere Zeiten gehabt habe. Aber ich spüre, wie in mir der Widerstand gegen alles „Religiöse" wächst. Oft bis zu einem instinktiven Abscheu – was sicher auch nicht gut ist. Ich bin keine religiöse Natur. Aber an Gott, an Christus muß ich immerfort denken, an Echtheit, an Leben, an Freiheit und Barmherzigkeit liegt mir sehr viel. Nur sind mir die religiösen Einkleidungen so unbehaglich. Verstehst Du? Das sind alles gar keine neuen Gedanken und Einsichten, aber da ich glaube, daß mir hier jetzt ein Knoten platzen soll, lasse ich den Dingen ihren Lauf und setze mich nicht zur Wehr. In diesem Sinne verstehe ich eben auch meine jetzige Tätigkeit auf dem weltlichen Sektor. Verzeih bitte diese Konfessionen, die lange Eisenbahnfahrt ist schuld daran. Wir müßten mal wieder in Ruhe über diese Dinge sprechen können.

25. 6. 1942. Ges. Schriften II, 420 f

Christus und die Guten

„Selig sind, die um Gerechtigkeit willen verfolgt werden; denn das Himmelreich ist ihr" (Matth. 5,10). Nicht von der Gerechtigkeit Gottes, also nicht von der Verfolgung um Jesu Christi willen ist hier die Rede, sondern seliggepriesen werden die um einer gerechten – und wir dürfen nun hinzufügen: einer wahren, guten, menschlichen – Sache willen Verfolgten (vgl. 1. Petr. 3,14 und 2,20). Die falsche Ängstlichkeit jener Christen, die jedem Leiden um einer gerechten, guten, wahren Sache willen ausweichen, weil sie angeblich nur bei einem Leiden um des ausdrücklichen Christusbekenntnisses willen ein gutes Gewissen haben könnten, jene Engherzigkeit also, die jedes Leiden um einer gerechten Sache willen verdächtigt und von ihm abrückt, wird durch diese Seligsprechung Jesu kräftig ins Unrecht gesetzt. Jesus nimmt sich derer an, die um einer gerechten Sache willen leiden, auch wenn es nicht gerade das Bekenntnis seines Namens

ist, er nimmt sie in seinen Schutz, in seine Verantwortung, in seinen Anspruch hinein. So wird der um einer gerechten Sache willen Verfolgte zu Christus geführt, so geschieht es, daß sich ein solcher in der Stunde des Leidens und der Verantwortung – vielleicht zum erstenmal in seinem Leben, ihm selbst fremd und überraschend, aber doch in innerster Notwendigkeit – auf Christus beruft und sich als Christ bekennt, weil ihm seine Zugehörigkeit zu Christus erst in diesem Augenblick aufgeht. Auch dies ist nicht Konstruktion, sondern Erfahrung, die wir gemacht, in der die Macht Jesu Christi über Bereiche des Lebens offenbar wurde, in denen sie bisher unbekannt geblieben war.
In festgefügten Zeiten, in denen das Gesetz regiert und der Übertreter des Gesetzes der Ächtung und Verstoßung verfällt, sind es die Gestalten des Zöllners und der Dirne, an denen das Evangelium Jesu Christi sich den Menschen deutlich macht. „Die Zöllner und die Dirnen mögen wohl eher ins Himmelreich kommen denn ihr" (Matth. 21,31). Aus den Fugen gegangenen Zeiten, in denen Gesetzlosigkeit und Bosheit selbstherrlich triumphieren, wird sich das Evangelium eher an den Gestalten der wenigen übriggebliebenen Rechtlichen, Wahrhaftigen, Menschlichen erweisen. Andere Zeiten erlebten es, daß die Bösen zu Christus fanden und die Guten ihm fern blieben. Wir erleben es, daß die Guten Christus wiederfinden und die Bösen sich gegen ihn verstocken. Andere Zeiten konnten predigen: Ehe du nicht ein Sünder geworden bist wie dieser Zöllner und diese Dirne, kannst du Christus nicht erkennen und finden. Wir müßten eher sagen: Ehe du nicht ein Gerechter geworden bist wie diese um Recht, Wahrheit und Menschlichkeit Kämpfenden und Leidenden, kannst du Christus nicht erkennen und finden. Es sind beides gleich paradoxe, an sich unmögliche Sätze. Aber sie bezeichnen die Situation. Christus gehört den Bösen und den Guten, er gehört ihnen beiden nur als Sündern, d. h. als in ihrem Bösen und in ihrem Guten vom Ursprung Abgefallenen. Er ruft sie zum Ursprung zurück, daß sie nicht mehr böse und gute, sondern gerechtfertigte und geheiligte Sünder seien. Aber bevor wir dieses Letzte sagen, in dem Böse und Gute vor Christus eins sind und in dem der Unterschied aller Zeiten vor Christus

aufgehoben ist, dürfen wir der Frage nicht aus dem Wege gehen, die uns durch unsere eigene Erfahrung und Zeit gestellt ist, nämlich was es bedeutet, daß die Guten Christus finden, mit anderen Worten, *welches das Verhältnis Jesu Christi zu den Guten und zu dem Guten ist.*

Ethik, 64 f

Nach zehn Jahren

Zehn Jahre sind im Leben jedes Menschen eine lange Zeit. Da die Zeit das kostbarste, weil unwiederbringlichste Gut ist, über das wir verfügen, beunruhigt uns bei jedem Rückblick der Gedanke etwa verlorener Zeit. Verloren wäre die Zeit, in der wir nicht als Menschen gelebt, Erfahrungen gemacht, gelernt, geschaffen, genossen und gelitten hätten. Verlorene Zeit ist unausgefüllte, leere Zeit. Das sind die vergangenen Jahre gewiß nicht gewesen. Vieles, Unermeßliches haben wir verloren, aber die Zeit war nicht verloren. Zwar sind gewonnene Erkenntnisse und Erfahrungen, deren man sich nachträglich bewußt wird, nur Abstraktionen vom eigentlichen, vom gelebten Leben selbst. Aber wie Vergessenkönnen wohl eine Gnade ist, so gehört doch das Gedächtnis, das Wiederholen empfangener Lehren, zum verantwortlichen Leben. In den folgenden Seiten möchte ich versuchen, mir Rechenschaft zu geben über einiges von dem, was sich uns in diesen Zeiten als gemeinsame Erfahrung und Erkenntnis aufgedrängt hat, nicht persönliche Erlebnisse, nichts systematisch Geordnetes, nicht Auseinandersetzungen und Theorien, sondern gewissermaßen gemeinsam im Kreise Gleichgesinnter gewonnene Ergebnisse auf dem Gebiet des Menschlichen, nebeneinandergereiht, nur durch die konkrete Erfahrung zueinander gehörig, nichts Neues, sondern gewiß in vergangenen Zeiten längst Gewußtes, aber uns neu zu erleben und zu erkennen Gegebenes. Man kann über diese Dinge nicht schreiben, ohne daß das Gefühl der Dankbarkeit für alle in diesen Jahren bewahrte und bewährte Gemeinschaft des Geistes und des Lebens jedes Wort begleitet.

Ohne Boden unter den Füßen

Ob es jemals in der Geschichte Menschen gegeben hat, die in der Gegenwart so wenig Boden unter den Füßen hatten – denen alle im Bereich des Möglichen liegenden Alternativen der Gegenwart gleich unerträglich, lebenswidrig, sinnlos erschienen –, die jenseits aller dieser gegenwärtigen Alternativen die Quelle ihrer Kraft so gänzlich im Vergangenen und im Zukünftigen suchten – und die dennoch, ohne Phantasten zu sein, das Gelingen ihrer Sache so zuversichtlich und ruhig erwarten konnten – wie wir? Oder vielmehr: Ob die verantwortlich Denkenden einer Generation vor einer großen geschichtlichen Wende jemals anders empfunden haben als wir heute – eben weil etwas wirklich Neues im Entstehen war, das in den Alternativen der Gegenwart nicht aufging?

Wer hält stand?

Die große Maskerade des Bösen hat alle ethischen Begriffe durcheinander gewirbelt. Daß das Böse in der Gestalt des Lichts, der Wohltat, des geschichtlich Notwendigen, des sozial Gerechten erscheint, ist für den aus unserer tradierten ethischen Begriffswelt Kommenden schlechthin verwirrend; für den Christen, der aus der Bibel lebt, ist es gerade die Bestätigung der abgründigen Bosheit des Bösen.

Offenkundig ist das Versagen der „*Vernünftigen*", die in bester Absicht und naiver Verkennung der Wirklichkeit das aus den Fugen gegangene Gebälk mit etwas Vernunft wieder zusammenbiegen zu können meinen. In ihrem mangelnden Sehvermögen wollen sie allen Seiten Recht widerfahren lassen und werden so durch die aufeinander prallenden Gewalten zerrieben, ohne das Geringste ausgerichtet zu haben. Enttäuscht über die Unvernünftigkeit der Welt, sehen sie sich zur Unfruchtbarkeit verurteilt, treten sie resigniert zur Seite oder verfallen haltlos dem Stärkeren.

Erschütternder ist das Scheitern alles ethischen *Fanatismus.* Mit der Reinheit eines Prinzips meint der Fanatiker der Macht des

Bösen entgegentreten zu können. Aber wie der Stier stößt er auf das rote Tuch statt auf dessen Träger, ermüdet und unterliegt. Er verfängt sich im Unwesentlichen und geht dem Klügeren in die Falle.

Einsam erwehrt sich der Mann des *Gewissens* der Übermacht der Entscheidung fordernden Zwangslagen. Aber das Ausmaß der Konflikte, in denen er zu wählen hat – durch nichts beraten und getragen als durch sein eigenstes Gewissen –, zerreißt ihn. Die unzähligen ehrbaren und verführerischen Verkleidungen, in denen das Böse sich ihm nähert, machen sein Gewissen ängstlich und unsicher, bis er sich schließlich damit begnügt, statt eines guten ein salviertes Gewissen zu haben, bis er also sein eigenes Gewissen belügt, um nicht zu verzweifeln; denn daß ein böses Gewissen heilsamer und stärker sein kann als ein betrogenes Gewissen, das vermag der Mann, dessen einziger Halt sein Gewissen ist, nie zu fassen.

Aus der verwirrenden Fülle der möglichen Entscheidungen scheint der sichere Weg der *Pflicht* herauszuführen. Hier wird das Befohlene als das Gewisseste ergriffen, die Verantwortung für den Befehl trägt der Befehlshaber, nicht der Ausführende. In der Beschränkung auf das Pflichtgemäße aber kommt es niemals zu dem Wagnis der auf eigenste Verantwortung hin geschehenden Tat, die allein das Böse im Zentrum zu treffen und zu überwinden vermag. Der Mann der Pflicht wird schließlich auch noch dem Teufel gegenüber seine Pflicht erfüllen müssen.

Wer es aber unternimmt, in eigenster *Freiheit* in der Welt seinen Mann zu stehen, wer die notwendige Tat höher schätzt als die Unbeflecktheit des eigenen Gewissens und Rufes, wer dem fruchtbaren Kompromiß ein unfruchtbares Prinzip oder auch dem fruchtbaren Radikalismus eine unfruchtbare Weisheit des Mittelmaßes zu opfern bereit ist, der hüte sich davor, daß ihn nicht seine Freiheit zu Fall bringe. Er wird in das Schlimme willigen, um das Schlimmere zu verhüten, und er wird dabei nicht mehr zu erkennen vermögen, daß gerade das Schlimmere, das er vermeiden will, das Bessere sein könnte. Hier liegt der Urstoff von Tragödien.

Auf der Flucht vor der öffentlichen Auseinandersetzung erreicht dieser oder jener die Freistatt einer privaten *Tugendhaftigkeit.* Aber er muß seine Augen und seinen Mund verschließen vor dem Unrecht um ihn herum. Nur auf Kosten eines Selbstbetruges kann er sich von der Befleckung durch verantwortliches Handeln rein erhalten. Bei allem, was er tut, wird ihn das, was er unterläßt, nicht zur Ruhe kommen lassen. Er wird entweder an dieser Unruhe zugrunde gehen oder zum heuchlerischsten aller Pharisäer werden.

Wer hält stand? Allein der, dem nicht seine Vernunft, sein Prinzip, sein Gewissen, seine Freiheit, seine Tugend der letzte Maßstab ist, sondern der dies alles zu opfern bereit ist, wenn er im Glauben und in alleiniger Bindung an Gott zu gehorsamer und verantwortlicher Tat gerufen ist, der Verantwortliche, dessen Leben nichts sein will als eine Antwort auf Gottes Frage und Ruf. Wo sind diese Verantwortlichen?

Civilcourage?

Was steckt eigentlich hinter der Klage über die mangelnde Civilcourage? Wir haben in diesen Jahren viel Tapferkeit und Aufopferung, aber fast nirgends Civilcourage gefunden, auch bei uns selbst nicht. Es wäre eine zu naive Psychologie, diesen Mangel einfach auf persönliche Feigheit zurückzuführen. Die Hintergründe sind ganz andere. Wir Deutschen haben in einer langen Geschichte die Notwendigkeit und die Kraft des Gehorsams lernen müssen. In der Unterordnung aller persönlichen Wünsche und Gedanken unter den uns gewordenen Auftrag sahen wir Sinn und Größe unseres Lebens. Unsere Blicke waren nach oben gerichtet, nicht in sklavischer Furcht, sondern im freien Vertrauen, das im Auftrag einen Beruf und im Beruf eine Berufung sah. Es ist ein Stück berechtigten Mißtrauens gegen das eigene Herz, aus dem die Bereitwilligkeit entsteht, lieber dem Befehl von „oben“ als dem eigenen Gutdünken zu folgen. Wer wollte dem Deutschen bestreiten, daß er im Gehorsam, im Auftrag, im Beruf immer wieder das Äußerste an Tapferkeit und Lebenseinsatz vollbracht hat? Seine Freiheit aber wahrte der Deutsche darin – und wo ist in der Welt leidenschaftlicher von der Freiheit gesprochen worden als in Deutschland von Luther bis zur Philosophie des Idealismus? –, daß er sich vom Eigenwillen zu befreien suchte im Dienst am Ganzen. Beruf und Freiheit galten ihm als zwei Seiten derselben Sache. Aber er hatte damit die Welt verkannt; er hatte nicht damit gerechnet, daß seine Bereitschaft zur Unterordnung, zum Lebenseinsatz für den Auftrag mißbraucht werden könnte zum Bösen. Geschah dies, wurde die Ausübung des Berufes selbst fragwürdig, dann mußten alle sittlichen Grundbegriffe des Deutschen ins Wanken geraten. Es mußte sich herausstellen, daß eine entscheidende Grunderkenntnis dem Deutschen noch fehlte: die von der Notwendigkeit der freien, verantwortlichen Tat auch gegen Beruf und Auftrag. An ihre Stelle trat einerseits verantwortungslose Skrupellosigkeit, andererseits selbstquälerische Skrupelhaftigkeit, die nie zur Tat führte. Civilcourage aber kann nur aus der freien Verantwortlichkeit des freien Mannes erwachsen. Die Deutschen fangen erst heute an zu entdecken, was freie Verantwortung heißt. Sie beruht auf einem Gott, der das freie Glaubenswagnis verantwortlicher Tat fordert und der dem, der darüber zum Sünder wird, Vergebung und Trost zuspricht.

Vom Erfolg

Es ist zwar nicht wahr, daß der Erfolg auch die böse Tat und die verwerflichen Mittel rechtfertigt, aber ebensowenig ist es möglich, den Erfolg als etwas ethisch völlig Neutrales zu betrachten. Es ist eben doch so, daß der geschichtliche Erfolg den Boden schafft, auf dem weiterhin allein gelebt werden kann, und es bleibt sehr fraglich, ob es ethisch verantwortlicher ist, als ein Don Quijote gegen eine neue Zeit zu Felde zu ziehen oder im Eingeständnis der eigenen Niederlage und schließlich in freier Einwilligung in sie einer neuen Zeit zu dienen. Der Erfolg macht schließlich die Geschichte, und über den Kopf der Geschichte machenden Männer hinweg schafft der Lenker der Geschichte immer wieder aus Bösem Gutes. Es ist ein Kurzschluß ungeschichtlich und d. h. unverantwortlich denkender Prinzipienreiter, der die ethische Bedeutung des Erfolges einfach ignoriert, und es ist gut, daß wir einmal gezwungen sind, uns mit dem ethischen Problem des Erfolges ernsthaft auseinanderzusetzen. Solange das Gute Erfolg hat, können wir uns den Luxus leisten, den Erfolg für ethisch irrelevant zu halten. Wenn aber einmal böse Mittel zum Erfolg führen, dann entsteht das Problem. Angesichts solcher Lage erfahren wir, daß weder theoretisch zuschauendes Kritisieren und Rechthabenwollen, also die Weigerung, sich auf den Boden der Tatsachen zu stellen, noch Opportunismus, also die Selbstpreisgabe und Kapitulation angesichts des Erfolges, unserer Aufgabe gerecht werden. Weder beleidigte Kritiker noch Opportunisten wollen und dürfen wir sein, sondern an der geschichtlichen Gestaltung – von Fall zu Fall und in jedem Augenblick, als Sieger oder als Unterlegene – Mitverantwortliche. Wer sich durch nichts, was geschieht, die Mitverantwortung für den Gang der Geschichte abnehmen läßt, weil er sie sich von Gott auferlegt weiß, der wird jenseits von unfruchtbarer Kritik und von ebenso unfruchtbarem Opportunismus ein fruchtbares Verhältnis zu den geschichtlichen Ereignissen finden. Die Rede von heroischem Untergang angesichts einer unausweichlichen Niederlage ist im Grunde sehr unheroisch, weil sie nämlich den Blick in die Zukunft nicht wagt. Die letzte verantwortliche Frage ist nicht, wie ich mich heroisch aus der Affäre ziehe, sondern wie eine kommende Generation weiterleben soll. Nur aus dieser geschichtlich verantwortlichen Frage können fruchtbare – wenn auch vorübergehend sehr demütigende – Lösungen entstehen. Kurz, es ist sehr viel leichter, eine Sache prinzipiell als in konkreter Verantwortung durchzuhalten. Die junge Generation wird immer den sichersten Instinkt dafür haben, ob nur aus Prinzip oder aus lebendiger Verantwortung heraus gehandelt wird; denn es geht dabei ja um ihre eigene Zukunft.

Von der Dummheit

Dummheit ist ein gefährlicherer Feind des Guten als Bosheit. Gegen das Böse läßt sich protestieren, es läßt sich bloßstellen, es läßt sich notfalls mit Gewalt verhindern. Das Böse trägt immer den Keim der Selbstzersetzung in sich, indem es mindestens ein Unbehagen im Menschen zurückläßt. Gegen die Dummheit sind wir wehrlos. Weder mit Protesten noch durch Gewalt läßt sich hier etwas ausrichten; Gründe verfangen nicht; Tatsachen, die dem eigenen Vorurteil widersprechen, brauchen einfach nicht geglaubt zu werden – in solchen Fällen wird der Dumme sogar kritisch –, und wenn sie unausweichlich sind, können sie einfach als nichtssagende Einzelfälle beiseite geschoben werden. Dabei ist der Dumme im Unterschied zum Bösen restlos mit sich selbst zufrieden; ja, er wird sogar gefährlich, indem er leicht gereizt zum Angriff übergeht. Daher ist dem Dummen gegenüber mehr Vorsicht geboten als gegenüber dem Bösen. Niemals werden wir mehr versuchen, den Dummen durch Gründe zu überzeugen; es ist sinnlos und gefährlich.

Um zu wissen, wie wir der Dummheit beikommen können, müssen wir ihr Wesen zu verstehen suchen. Soviel ist sicher, daß sie nicht wesentlich ein intellektueller, sondern ein menschlicher Defekt ist. Es gibt intellektuell außerordentlich bewegliche Menschen, die dumm sind, und intellektuell sehr Schwerfällige, die alles andere als dumm sind. Diese Entdeckung machen wir zu unserer Überraschung anläßlich bestimmter Situationen. Dabei gewinnt man weniger den Eindruck, daß die Dummheit ein angeborener Defekt ist, als daß unter bestimmten Umständen die Menschen dumm *gemacht* werden, bzw. sich dumm machen lassen. Wir beobachten weiterhin, daß abgeschlossen und einsam lebende Menschen diesen Defekt seltener zeigen als zur Gesellung neigende oder verurteilte Menschen und Menschengruppen. So scheint die Dummheit vielleicht weniger ein psychologisches als ein soziologisches Problem zu sein. Sie ist eine besondere Form der Einwirkung geschichtlicher Umstände auf den Menschen, eine psychologische Begleiterscheinung bestimmter äußerer Verhältnisse. Bei genauerem Zusehen zeigt sich, daß jede starke äußere Machtentfaltung, sei sie politischer oder religiöser Art, einen großen Teil der Menschen mit Dummheit schlägt. Ja, es hat den Anschein, als sei das geradezu ein soziologisch-psychologisches Gesetz. Die Macht der einen braucht die Dummheit der anderen. Der Vorgang ist dabei nicht der, daß bestimmte – also etwa intellektuelle – Anlagen des Menschen plötzlich verkümmern oder ausfallen, sondern daß unter dem überwältigenden Eindruck der Machtentfaltung dem Menschen seine innere Selbständigkeit geraubt wird und daß dieser nun – mehr oder weniger unbewußt – darauf verzichtet, zu den sich ergebenden Lebenslagen ein eigenes Verhalten zu finden. Daß der Dumme oft bockig ist, darf nicht darüber hinwegtäuschen, daß er nicht selbständig ist. Man spürt es geradezu im Gespräch mit ihm, daß man es gar nicht mit ihm selbst, mit ihm persönlich, sondern mit über ihn mächtig gewordenen Schlagworten, Parolen etc. zu tun hat. Er ist in einem Banne, er ist verblendet, er ist in seinem eigenen Wesen mißbraucht, mißhandelt. So zum willenlosen Instrument geworden, wird der Dumme auch zu allem Bösen fähig sein und zugleich unfähig, dies als Böses zu erkennen. Hier liegt die Gefahr eines diabolischen Mißbrauchs. Dadurch werden Menschen für immer zugrunde gerichtet werden können.

Aber es ist gerade hier auch ganz deutlich, daß nicht ein Akt der Belehrung, sondern allein ein Akt der Befreiung die Dummheit überwinden könnte. Dabei wird man sich damit abfinden müssen, daß eine echte innere Befreiung in den allermeisten Fällen erst möglich wird, nachdem die äußere Befreiung vorangegangen ist; bis dahin werden wir auf alle Versuche, den Dummen zu überzeugen, verzichten müssen. In dieser Sachlage wird es übrigens auch begründet sein, daß wir uns unter solchen Umständen vergeblich darum bemühen, zu wissen, was „das Volk" eigentlich denkt, und warum diese Frage für den verantwortlich Denkenden und Handelnden zugleich so überflüssig ist – immer nur unter den gegebenen Umständen. Das Wort der Bibel, daß die Furcht Gottes der Anfang der Weisheit sei (Psalm 111,10), sagt, daß die innere Befreiung des Menschen zum verantwortlichen Leben vor Gott die einzige wirkliche Überwindung der Dummheit ist.

Übrigens haben diese Gedanken über die Dummheit doch dies Tröstliche für sich, daß sie ganz und gar nicht zulassen, die Mehrzahl der Menschen unter allen Umständen für dumm zu halten. Es wird wirklich darauf ankommen, ob Machthaber sich mehr von der Dummheit oder von der inneren Selbständigkeit und Klugheit der Menschen versprechen.

Menschenverachtung?

Die Gefahr, uns in Menschenverachtung hineintreiben zu lassen, ist sehr groß. Wir wissen wohl, daß wir kein Recht dazu haben und daß wir dadurch in das unfruchtbarste Verhältnis zu den Menschen geraten. Folgende Gedanken können uns vor dieser Versuchung bewahren: mit der Menschenverachtung verfallen wir gerade dem Hauptfehler unserer Gegner. Wer einen Menschen verachtet, wird niemals etwas aus ihm machen können. Nichts von dem, was wir im anderen verachten, ist uns selbst ganz fremd. Wie oft erwarten wir von anderen mehr, als wir selbst zu leisten willig sind. Warum haben wir bisher vom Menschen, seiner Versuchlichkeit und Schwäche so unnüchtern gedacht? Wir müssen lernen, die Menschen weniger auf das, was sie tun und unterlassen, als auf das, was sie erleiden, anzusehen. Das einzig fruchtbare Verhältnis zu den Menschen – gerade zu den Schwachen – ist Liebe, d. h. der Wille, mit ihnen Gemeinschaft zu halten. Gott selbst hat die Menschen nicht verachtet, sondern ist Mensch geworden um der Menschen willen.

Immanente Gerechtigkeit

Es gehört zu den erstaunlichsten, aber zugleich unwiderleglichsten Erfahrungen, daß das Böse sich – oft in einer überraschend kurzen Frist – als dumm und unzweckmäßig erweist. Damit ist nicht gemeint, daß jeder einzelnen bösen Tat die Strafe auf dem Fuße folgt, aber daß die prinzipielle Aufhebung der göttlichen Gebote im vermeintlichen Interesse der irdischen Selbsterhaltung gerade dem eigenen Interesse dieser Selbsterhaltung entgegenwirkt. Man kann diese uns zugefallene Erfahrung verschieden deuten. Als gewiß scheint jedenfalls dies aus ihr hervorzugehen, daß es im Zusammenleben der Menschen Gesetze gibt, die stärker sind als alles, was sich über sie erheben zu können glaubt, und daß es daher nicht nur unrecht, sondern unklug ist, diese

Gesetze zu mißachten. Von hier aus wird uns verständlich, warum die aristotelisch-thomistische Ethik die Klugheit zu einer der Kardinaltugenden erhob. Klugheit und Dummheit sind nicht ethisch indifferent, wie uns eine neuprotestantische Gesinnungsethik hat lehren wollen. Der Kluge erkennt in der Fülle des Konkreten und der in ihm enthaltenen Möglichkeiten zugleich die unübersteiglichen Grenzen, die allem Handeln durch die bleibenden Gesetze menschlichen Zusammenlebens gegeben sind, und in dieser Erkenntnis handelt der Kluge gut bzw. der Gute klug.

Nun gibt es gewiß kein geschichtlich bedeutsames Handeln, das nicht immer wieder einmal die Grenzen dieser Gesetze überschritte. Es ist aber ein entscheidender Unterschied, ob solche Überschreitung der gesetzten Grenze prinzipiell als deren Aufhebung aufgefaßt und damit als Recht eigener Art ausgegeben wird, oder ob man sich dieser Überschreitung als vielleicht unvermeidlicher Schuld bewußt bleibt und sie allein in der alsbaldigen Wiederherstellung und Achtung des Gesetzes und der Grenze gerechtfertigt sieht. Es braucht keineswegs Heuchelei zu sein, wenn als das Ziel politischen Handelns die Herstellung des Rechtes und nicht einfach die nackte Selbsterhaltung ausgegeben wird. Es *ist* einfach in der Welt so eingerichtet, daß die grundsätzliche Achtung der letzten Gesetze und Rechte des Lebens zugleich der Selbsterhaltung am dienlichsten ist, und daß diese Gesetze sich nur eine ganz kurze, einmalige, im Einzelfall notwendige Überschreitung gefallen lassen, während sie den, der aus der Not ein Prinzip macht und also neben ihnen ein eigenes Gesetz aufrichtet, früher oder später – aber mit unwiderstehlicher Gewalt – erschlagen. Die immanente Gerechtigkeit der Geschichte lohnt und straft nur die Tat, die ewige Gerechtigkeit Gottes prüft und richtet die Herzen.

Einige Glaubenssätze über das Walten Gottes in der Geschichte

Ich glaube, daß Gott aus allem, auch aus dem Bösesten, Gutes entstehen lassen kann und will. Dafür braucht er Menschen, die sich alle Dinge zum Besten dienen lassen. Ich glaube, daß Gott uns in jeder Notlage soviel Widerstandskraft geben will, wie wir brauchen. Aber er gibt sie nicht im voraus, damit wir uns nicht auf uns selbst, sondern allein auf ihn verlassen. In solchem Glauben müßte alle Angst vor der Zukunft überwunden sein. Ich glaube, daß auch unsere Fehler und Irrtümer nicht vergeblich sind, und daß es Gott nicht schwerer ist, mit ihnen fertig zu werden als mit unseren vermeintlichen Guttaten. Ich glaube, daß Gott kein zeitloses Fatum ist, sondern daß er auf aufrichtige Gebete und verantwortliche Taten wartet und antwortet.

Vertrauen

Die Erfahrung des Verrates ist kaum einem erspart geblieben. Die Gestalt des Judas, die uns früher so unbegreiflich war, ist uns kaum mehr fremd. So ist die Luft, in der wir leben, durch Mißtrauen verpestet, daß wir fast daran zugrundegehen. Wo wir aber die Schicht des Mißtrauens durchbrachen, dort haben wir die Erfahrung eines bisher gar nicht geahnten Vertrauens machen dürfen. Wir haben es gelernt, dort, wo wir vertrauen, dem anderen unseren Kopf in die Hände zu geben; gegen alle Vieldeutungen, in denen unser Handeln und Leben stehen mußte, haben wir grenzenlos vertrauen gelernt. Wir wissen nun, daß nur in solchem Vertrauen, das immer ein Wagnis bleibt, aber ein freudig bejahtes Wagnis, wirklich gelebt und gearbeitet werden kann. Wir wissen, daß es zu dem Verwerflichsten gehört, Mißtrauen zu säen und zu begünstigen, daß vielmehr Vertrauen, wo es nur möglich ist, gestärkt und gefördert werden soll. Immer wird uns das Vertrauen eines der größten, seltensten und beglückendsten Geschenke menschlichen Zusammenlebens bleiben, und es wird doch immer nur auf dem dunklen Hintergrund eines notwendigen Mißtrauens entstehen. Wir haben gelernt, uns dem Gemeinen durch nichts, dem Vertrauenswürdigen aber restlos in die Hände zu geben.

Qualitätsgefühl

Wenn wir nicht den Mut haben, wieder ein echtes Gefühl für menschliche Distanzen aufzurichten und darum persönlich zu kämpfen, dann kommen wir in einer Anarchie menschlicher Werte um. Die Frechheit, die ihr Wesen in der Mißachtung aller menschlichen Distanzen hat, ist ebensosehr das Charakteristikum des Pöbels, wie die innere Unsicherheit, das Feilschen und Buhlen um die Gunst des Frechen, das Sichgemeinmachen mit dem Pöbel der Weg zur eigenen Verpöbelung ist. Wenn man nicht mehr weiß, was man sich und anderen schuldig ist, wo das Gefühl für menschliche Qualität und die Kraft, Distanz zu halten, erlischt, dort ist das Chaos vor der Tür. Wo man um materieller Bequemlichkeiten willen duldet, daß die Frechheit einem zu nahe tritt, dort hat man sich bereits selbst aufgegeben, dort hat man die Flut des Chaos an der Stelle des Dammes, an die man gestellt war, durchbrechen lassen und sich schuldig gemacht am Ganzen. In anderen Zeiten mag es die Sache des Christentums gewesen sein, von der Gleichheit des Menschen Zeugnis zu geben; heute wird gerade das Christentum für die Achtung menschlicher Distanzen und menschlicher Qualität leidenschaftlich einzutreten haben. Die Mißdeutung, als handele man in eigener Sache, die billige Verdächtigung unsozialer Gesinnung, muß entschlossen in Kauf genommen werden. Sie sind die bleibenden Vorwürfe des Pöbels gegen die Ordnung. Wer hier weich und unsicher wird, begreift nicht, worum es geht, ja vermutlich treffen ihn die Vorwürfe sogar mit Recht. Wir stehen mitten in dem Prozeß der Verpöbelung in allen Gesellschaftsschichten und zugleich in der Geburtsstunde einer neuen adligen Haltung, die einen Kreis von Menschen aus allen bisherigen Gesellschaftsschichten verbindet. Adel entsteht und besteht durch Opfer, durch Mut und durch ein klares Wissen um das, was man sich selbst und was man anderen schuldig ist, durch die selbstverständliche Forderung der Achtung, die einem zukommt, wie durch ein ebenso selbstverständliches Wahren der Achtung nach oben wie nach unten. Es geht auf der ganzen Linie um das Wiederfinden verschütteter Qualitätserlebnisse, um eine

Ordnung aufgrund von Qualität. Qualität ist der stärkste Feind jeder Art von Vermassung. Gesellschaftlich bedeutet das den Verzicht auf die Jagd nach Positionen, den Bruch mit allem Starkult, den freien Blick nach oben und nach unten, besonders was die Wahl des engeren Freundeskreises angeht, die Freude am verborgenen Leben wie den Mut zum öffentlichen Leben. Kulturell bedeutet das Qualitätserlebnis die Rückkehr von Zeitung und Radio zum Buch, von der Hast zur Muße und Stille, von der Zerstreuung zur Sammlung, von der Sensation zur Besinnung, vom Virtuosenideal zur Kunst, vom Snobismus zur Bescheidenheit, von der Maßlosigkeit zum Maß. Quantitäten machen einander den Raum streitig, Qualitäten ergänzen einander.

Mitleiden

Man muß damit rechnen, daß die meisten Menschen nur durch Erfahrungen am eigenen Leibe klug werden. So erklärt sich *erstens* die erstaunliche Unfähigkeit der meisten Menschen zu präventivem Handeln jeder Art – man glaubt eben selbst immer noch, um die Gefahr herumzukommen, bis es schließlich zu spät ist; *zweitens* die Stumpfheit gegenüber fremden Leiden; proportional mit der wachsenden Angst vor der bedrohlichen Nähe des Unheils entsteht das Mitleid. Es läßt sich manches zur Rechtfertigung dieser Haltung sagen, ethisch: man will dem Schicksal nicht in die Räder greifen; innere Berufung und Kraft zum Handeln schöpft man erst aus dem eingetretenen Ernstfall; man ist nicht für alles Unrecht und Leiden in der Welt verantwortlich und will sich nicht zum Weltenrichter aufwerfen; psychologisch: der Mangel an Phantasie, an Sensitivität, an innerem Auf-dem-Sprung-sein wird ausgeglichen durch eine solide Gelassenheit, ungestörte Arbeitskraft und große Leidensfähigkeit. Christlich gesehen können freilich alle diese Rechtfertigungen nicht darüber hinwegtäuschen, daß es hier entscheidend an der Weite des Herzens mangelt. Christus entzog sich solange dem Leiden, bis seine Stunde gekommen war; dann aber ging er ihm in Freiheit entgegen, ergriff es und überwand es. Christus – so sagt die

Schrift – erfuhr alles Leiden aller Menschen an seinem Leibe als eigenes Leiden – ein unbegreiflich hoher Gedanke! –, er nahm es auf sich in Freiheit. Wir sind gewiß nicht Christus und nicht berufen, durch eigene Tat und eigenes Leiden die Welt zu erlösen, wir sollen uns nicht Unmögliches aufbürden und uns damit quälen, daß wir es nicht tragen können, wir sind nicht Herren, sondern Werkzeuge in der Hand des Herrn der Geschichte, wir können das Leiden anderer Menschen nur in ganz begrenztem Maße wirklich mitleiden. Wir sind nicht Christus, aber wenn wir Christen sein wollen, so bedeutet das, daß wir an der Weite des Herzens Christi teilbekommen sollen in verantwortlicher Tat, die in Freiheit die Stunde ergreift und sich der Gefahr stellt, und in echtem Mitleiden, das nicht aus der Angst, sondern aus der befreienden und erlösenden Liebe Christi zu allen Leidenden quillt. Tatenloses Abwarten und stumpfes Zuschauen sind keine christlichen Haltungen. Den Christen rufen nicht erst die Erfahrungen am eigenen Leibe, sondern die Erfahrungen am Leibe der Brüder, um derentwillen Christus gelitten hat, zur Tat und zum Mitleiden.

Vom Leiden

Es ist unendlich viel leichter, im Gehorsam gegen einen menschlichen Befehl zu leiden als in der Freiheit eigenster verantwortlicher Tat. Es ist unendlich viel leichter, in Gemeinschaft zu leiden als in Einsamkeit. Es ist unendlich viel leichter, öffentlich und unter Ehren zu leiden als abseits und in Schanden. Es ist unendlich viel leichter, durch den Einsatz des leiblichen Lebens zu leiden als durch den Geist. Christus litt in Freiheit, in Einsamkeit, abseits und in Schanden, an Leib und Geist, und seither viele Christen mit ihm.

Gegenwart und Zukunft

Es schien uns bisher zu den unveräußerlichen Rechten menschlichen Lebens zu gehören, sich einen Lebensplan entwerfen zu können, beruflich und persönlich. Damit ist es vorbei. Wir sind durch die Macht der Umstände in die Situation geraten, in der wir darauf verzichten müssen, „für den kommenden Tag zu sorgen“ (Matth. 6,34), wobei es ein wesentlicher Unterschied ist, ob das aus der freien Haltung des Glaubens heraus geschieht, die die Bergpredigt meint, oder als erzwungener Frondienst am jeweiligen Augenblick. Für die meisten Menschen bedeutet der erzwungene Verzicht auf Zukunftsplanung den verantwortungslosen, leichtfertigen oder resignierten Verfall an den Augenblick, einige wenige träumen noch sehnsüchtig von einer schöneren Zukunft und versuchen darüber die Gegenwart zu vergessen. Beide Haltungen sind für uns gleich unmöglich. Uns bleibt nur der sehr schmale und manchmal kaum noch zu findende Weg, jeden Tag zu nehmen, als wäre er der letzte, und doch in Glauben und Verantwortung so zu leben, als gäbe es noch eine große Zukunft. „Noch soll man Häuser, Äcker und Weinberge kaufen in diesem Lande“ (Jer. 32,15) muß Jeremia – in paradoxem Widerspruch zu seinen Unheilsweissagungen – unmittelbar vor der Zerstörung der Heiligen Stadt verkündigen, angesichts der völligen Zukunftslosigkeit ein göttliches Zeichen und Unterpfand einer neuen großen Zukunft. Denken und Handeln im Blick auf die kommende Generation, dabei ohne Furcht und Sorge jeden Tag bereit sein zu gehen – das ist die Haltung, die uns praktisch aufgezwungen ist und die tapfer durchzuhalten nicht leicht, aber notwendig ist.

Optimismus

Es ist klüger, pessimistisch zu sein: Vergessen sind die Enttäuschungen und man steht vor den Menschen nicht blamiert da. So ist Optimismus bei den Klugen verpönt. Optimismus ist in seinem Wesen keine Ansicht über die gegenwärtige Situation, sondern er ist eine Lebenskraft, eine Kraft der Hoffnung, wo andere resignieren, eine Kraft, den Kopf hoch zu halten, wenn alles fehlzuschlagen scheint, eine Kraft, Rückschläge zu ertragen, eine Kraft, die die Zukunft niemals dem Gegner läßt, sondern sie für sich in Anspruch nimmt. Es gibt gewiß auch einen dummen, feigen Optimismus, der verpönt werden muß.

Aber den Optimismus als Willen zur Zukunft soll niemand verächtlich machen, auch wenn er hundertmal irrt; er ist die Gesundheit des Lebens, die der Kranke nicht anstecken soll. Es gibt Menschen, die es für unernst, Christen, die es für unfromm halten, auf eine bessere irdische Zukunft zu hoffen und sich auf sie vorzubereiten. Sie glauben an das Chaos, die Unordnung, die Katastrophe als den Sinn des gegenwärtigen Geschehens und entziehen sich in Resignation oder frommer Weltflucht der Verantwortung für das Weiterleben, für den neuen Aufbau, für die kommenden Geschlechter. Mag sein, daß der Jüngste Tag morgen anbricht, dann wollen wir gern die Arbeit für eine bessere Zukunft aus der Hand legen, vorher aber nicht.

Gefährdung und Tod

Der Gedanke an den Tod ist uns in den letzten Jahren immer vertrauter geworden. Wir wundern uns selbst über die Gelassenheit, mit der wir Nachrichten von dem Tode unserer Altersgenossen aufnehmen. Wir können den Tod nicht mehr so hassen, wir haben in seinen Zügen etwas von Güte entdeckt und sind fast ausgesöhnt mit ihm. Im Grunde empfinden wir wohl, daß wir ihm schon gehören und daß jeder neue Tag ein Wunder ist. Es wäre wohl nicht richtig zu sagen, daß wir gern sterben – obwohl keinem jene Müdigkeit unbekannt ist, die man doch unter keinen Umständen aufkommen lassen darf –, dazu sind wir schon zu neugierig, oder etwas ernsthafter gesagt: Wir möchten gern noch etwas vom Sinn unseres zerfahrenen Lebens zu sehen bekommen. Wir heroisieren den Tod auch nicht, dazu ist uns das Leben zu groß und teuer. Erst recht weigern wir uns, den Sinn des Lebens in der Gefahr zu sehen, dafür sind wir nicht verzweifelt genug und wissen wir zu viel von den Gütern des Lebens, dafür kennen wir auch die Angst um das Leben zu gut und all die anderen zerstörenden Wirkungen einer dauernden Gefährdung des Lebens. Noch lieben wir das Leben, aber ich glaube, der Tod kann uns nicht mehr sehr überraschen. Unseren Wunsch, er möchte uns nicht zufällig, jäh, abseits vom Wesentlichen, sondern in der Fülle des Lebens und in der Ganzheit des Einsatzes treffen, wagen wir uns seit den Erfahrungen des Krieges kaum mahr einzugestehen. Nicht die äußeren Umstände, sondern wir selbst werden es sein, die unseren Tod zu dem machen, was er sein kann, zum Tod in freiwilliger Einwilligung.

Sind wir noch brauchbar?

Wir sind stumme Zeugen böser Taten gewesen, wir sind mit vielen Wassern gewaschen, wir haben die Künste der Verstellung und der mehrdeutigen Rede gelernt, wir sind durch Erfahrung mißtrauisch gegen die Menschen geworden und mußten ihnen die Wahrheit und das freie Wort oft schuldig bleiben, wir sind durch unerträgliche Konflikte mürbe oder vielleicht sogar zynisch geworden – sind wir noch brauchbar? Nicht Genies, nicht Zyniker, nicht Menschenverächter, nicht raffinierte Taktiker, sondern schlichte, einfache, gerade Menschen werden wir brauchen. Wird unsere innere Widerstandskraft gegen das uns Aufgezwungene stark genug und unsere Aufrichtigkeit gegen uns selbst schonungslos genug geblieben sein, daß wir den Weg zur Schlichtheit und Geradheit wiederfinden?

Etwa Ende 1942. Widerstand und Ergebung, 11–27

Der Menschenverächter

Gott liebt den Menschen. Gott liebt die Welt. Nicht einen Idealmenschen, sondern den Menschen, wie er ist, nicht eine Idealwelt, sondern die wirkliche Welt. Was uns verabscheuungswürdig ist in seiner Widergöttlichkeit, wovon wir uns zurückziehen in Schmerz und Feindschaft, der wirkliche Mensch, die wirkliche Welt, das ist für Gott Grund unergründlicher Liebe, damit vereint er sich aufs innigste. Gott wird Mensch, wirklicher Mensch. Während wir uns bemühen, über unser Menschsein hinauszuwachsen, den Menschen hinter uns zu lassen, wird Gott Mensch, und wir müssen erkennen, daß Gott will, daß auch wir Menschen, wirkliche Menschen seien. Während wir unterscheiden zwischen Frommen und Gottlosen, Guten und

Bösen, Edlen und Gemeinen, liebt Gott unterschiedslos den wirklichen Menschen. Er duldet es nicht, daß wir die Welt und die Menschen einteilen nach unseren Maßstäben und uns zu Richtern über sie aufwerfen. Er führt uns ad absurdum, indem er selbst wirklicher Mensch wird und ein Genosse der Sünder, und indem er uns damit zwingt, Gottes Richter zu werden. Gott tritt auf die Seite des wirklichen Menschen und der wirklichen Welt gegen alle ihre Verkläger. Er läßt sich mit den Menschen, mit der Welt verklagen und macht so seine Richter zu den Angeklagten...

Die Botschaft von der Menschwerdung Gottes greift eine Zeit, in der bei den Bösen wie bei den Guten die Menschenverachtung oder Menschenvergötzung letzter Schluß der Weisheit ist, im Zentrum an. Im Sturm enthüllen sich die Schwächen der menschlichen Natur deutlicher als im stillen Fluß ruhiger Zeiten. Angst, Gier, Unselbständigkeit und Brutalität erweisen sich angesichts ungeahnter Bedrohungen und Chancen bei der überwältigenden Mehrzahl als die Triebfedern ihres Handelns. Der tyrannische Menschenverächter macht sich in solchem Zeitpunkt das Gemeine des menschlichen Herzens leicht zunutze, indem er es nährt und ihm andere Namen gibt: Angst nennt er Verantwortung, Gier heißt Strebsamkeit, Unselbständigkeit wird zur Solidarität, Brutalität zu Herrentum. So wird im buhlerischen Umgang mit den Schwächen der Menschen das Gemeine immer neu erzeugt und vermehrt. Unter den heiligsten Beteuerungen der Menschenliebe treibt die niedrigste Menschenverachtung ihr finsteres Geschäft. Je gemeiner der Gemeine wird, ein desto willigeres und schmiegsameres Werkzeug ist er in der Hand der Tyrannen. Die kleine Zahl der Aufrechten wird mit Schmutz beworfen. Ihre Tapferkeit heißt Aufruhr, ihre Zucht Pharisäertum, ihre Selbständigkeit Willkür, ihr Herrentum Hochmut. Dem tyrannischen Menschenverächter gilt Popularität als Zeichen höchster Menschenliebe, sein heimliches, tiefes Mißtrauen gegen alle Menschen versteckt er hinter den gestohlenen Worten wahrer Gemeinschaft. Während er sich vor der Menge als einer der ihren bekennt, rühmt er sich selbst in widerwärtigster Eitelkeit und verachtet das Recht jedes einzelnen. Er hält die Menschen für dumm und sie werden dumm, er hält sie für schwach und sie werden schwach, er hält sie für verbrecherisch und sie werden verbrecherisch. Sein heiligster Ernst ist frivoles Spiel, seine biedermännisch betreuende Fürsorglichkeit ist frechster Zynismus. Je mehr er aber in tiefer Menschenverachtung die Gunst der von ihm Verachteten sucht, desto gewisser erweckt er die Vergötterung seiner Person durch die Menge. Menschenverachtung und -vergötzung liegen dicht beieinander. Der Gute aber, der das alles durchschaut, der sich angeekelt von den Menschen zurückzieht und sie sich selbst überläßt, der lieber für sich selbst seinen Kohl baut als sich im öffentlichen Leben gemein zu machen, erliegt doch derselben Versuchung der Menschenverachtung wie der Böse. Seine Menschenverachtung ist zwar vornehmer, aufrichtiger, aber auch unfruchtbarer, tatenärmer. Vor der Menschwerdung Gottes kann sie ebensowenig bestehen wie die tyrannische Menschenverachtung. Der Menschenverächter verachtet, was Gott geliebt hat, ja, er verachtet die Gestalt des menschgewordenen Gottes selbst...

Den wirklichen Menschen kennen und ihn nicht verachten, das ist allein durch die Menschwerdung Gottes möglich. Der wirkliche Mensch darf vor Gott leben, und wir dürfen den wirklichen Menschen neben uns vor Gott leben lassen, ohne ihn zu verachten oder zu vergöttern. Nicht als wäre das wirklich ein Wert für sich, sondern allein darum, weil Gott den wirklichen Menschen geliebt und angenommen hat. Der Grund der Liebe Gottes zum Menschen liegt nicht im Menschen, sondern allein in Gott selbst. Der Grund, aus dem wir als wirkliche Menschen leben dürfen und den wirklichen Menschen neben uns lieben dürfen, liegt wiederum allein in der Menschwerdung Gottes, in der unergründlichen Liebe Gottes zum Menschen.

Ethik, 75–79

Radikalismus und Kompromiß

Das Verhältnis von Vorletztem und Letztem im christlichen Leben kann in zwei extremen Formen gelöst werden, „radikal" und als Kompromiß, wobei gleich zu bemerken ist, daß auch die Kompromißlösung eine extreme Lösung ist.

Die *radikale Lösung* sieht nur das Letzte und in ihm nur den völligen Abbruch des Vorletzten. Letztes und Vorletztes stehen in ausschließlichem Gegensatz. Christus ist der Zerstörer und Feind alles Vorletzten und alles Vorletzte ist Feindschaft gegen Christus. Christus, das ist das Zeichen, daß die Welt reif ist, dem Feuer überantwortet zu werden. Hier gibt es keine Unterscheidungen, es muß alles ins Gericht; es gibt nur eine Scheidung: für Christus oder gegen ihn. „Wer nicht mit mir ist, der ist wider mich" (Matth. 12,30). Alles Vorletzte im menschlichen Verhalten ist Sünde und Verleugnung. Angesichts des kommenden Endes gibt es für den Christen nur noch letztes Wort und letztes Verhalten. Was dadurch aus der Welt wird, fällt nicht mehr ins Gewicht, der Christ trägt keine Verantwortung dafür, und die Welt muß doch verkommen. Mag unter dem Wort Christi alle Ordnung der Welt zerbrechen, es gilt hier Alles oder Nichts. Aus dem letzten Wort Gottes, das ein Gnadenwort ist, wird hier die eisige Härte des allen Widerstand zerbrechenden und verachtenden Gesetzes (vgl. die Gestalt des Brand bei Ibsen).

Die andere Lösung ist der *Kompromiß*. Hier wird das letzte Wort von allen vorletzten prinzipiell getrennt. Das Vorletzte behält sein Recht in sich, wird aber von dem Letzten nicht bedroht oder gefährdet. Noch steht die Welt, noch ist das Ende nicht da, doch müssen vorletzte Dinge getan werden in der Verantwortung für diese Welt, die Gott schuf. Noch muß mit den Menschen gerechnet werden, wie sie sind. (Der Großinquisitor bei Dostojewski). Das Letzte bleibt gänzlich jenseits des Täglichen und damit schließlich als ewige Rechtfertigung für alles Bestehende, als die metaphysische Reinigung von der Anklage, die auf allem Bestehenden lastet. Aus dem freien Gnadenwort wird das Gnadengesetz, das über allem Vorletzten, es rechtfertigend und bewahrend, waltet...

Radikalismus entspringt immer einem bewußten oder unbewußten Haß gegen das Bestehende. Christlicher Radikalismus, weltflüchtiger oder weltverbessernder, kommt aus dem Haß gegen die Schöpfung. Der Radikale kann Gott seine Schöpfung nicht verzeihen. Er ist mit der geschaffenen Welt zerfallen, der Iwan Karamasow, der zugleich die Gestalt des radikalen Jesus in der Legende des Großinquisitors schafft. Wenn das Böse in der Welt mächtig wird, dann spritzt es zugleich dem Christen das Gift des Radikalismus ein. Das Ausgesöhntsein mit der Welt, wie sie ist, das dem Christen durch Christus geschenkt ist, gilt dann als Verrat und Verleugnung Christi. An seine Stelle treten Bitterkeit, Argwohn, Verachtung gegen Menschen und Welt. Aus der Liebe, die alles glaubt, alles trägt, alles hofft, aus der Liebe, die die Welt gerade in ihrem Bösen mit der Liebe Gottes liebt (Joh. 3,16), wird die pharisäische Verweigerung der Liebe zu dem Bösen und ihre Beschränkung auf den geschlossenen Kreis der Frommen. Aus der offenen Kirche Jesu Christi, die der Welt dient bis zuletzt, wird irgendein angeblich urchristliches Gemeindeideal, das wiederum die Wirklichkeit des lebendigen Jesus Christus mit der Verwirklichung einer christlichen Idee verwechselt. So gelingt es einer böse gewordenen Welt, auch die Christen böse werden zu lassen. Es ist derselbe Krankheitskeim, der die Welt auflöst und der die Christen radikal werden läßt. Es ist beide Male der Haß gegen die Welt, ob es nun der Haß der Gottlosen oder der Frommen ist. Es ist Verweigerung des Schöpfungsglaubens auf beiden Seiten. Mit Beelzebub aber treibt man keine Teufel aus.
Der Kompromiß entspringt immer dem Haß gegen das Letzte. Christlicher Kompromißgeist kommt aus dem Haß gegen die Rechtfertigung des Sünders aus Gnaden allein. Die Welt und das Leben in ihr muß vor diesem Einbruch in ihren Bereich geschützt werden. Man muß mit der Welt durch Mittel der Welt allein fertig werden. Das Letzte hat in der Gestalt des Lebens in der Welt nicht mitzusprechen. Schon die Frage nach dem Letzten, der Versuch, das Wort Gottes in seiner Autorität für das Leben in der Welt geltend zu machen, gilt nun als Radikalismus, als Lieblosigkeit gegen die gegebenen Ordnungen der Welt und

die an sie gebundenen Menschen. Die von Christus den Christen geschenkte Freiheit von der Welt und die Absage an sie (1. Joh. 2,17) wird als unnatürliche, schöpfungswidrige Welt- und Menschenfremdheit oder gar -feindschaft bezichtigt. Statt dessen wird Anpassung bis zur Resignation oder gar schale Weltklugheit als echte Weltoffenheit und Liebe der Christen ausgegeben.
Der Radikalismus haßt die Zeit, der Kompromiß haßt die Ewigkeit; der Radikalismus haßt die Geduld, der Kompromiß haßt die Entscheidung; der Radikalismus haßt die Klugheit, der Kompromiß haßt die Einfalt; der Radikalismus haßt das Maß, der Kompromiß haßt das Unermeßliche; der Radikalismus haßt das Wirkliche, der Kompromiß haßt das Wort.
Es wird aus diesem Gegenüber deutlich genug, daß beide Haltungen in gleicher Weise christuswidrig sind; denn was sich hier gegeneinander in Feindschaft aufrichtet, ist in Jesus Christus eins. Die Frage nach dem christlichen Leben wird also weder am Radikalismus noch am Kompromiß, sondern an Jesus Christus selbst entschieden und beantwortet. Nur in ihm löst sich das Verhältnis vom Letzten und Vorletzten. In Jesus Christus glauben wir den menschgewordenen, gekreuzigten und auferstandenen Gott. In der Menschwerdung erkennen wir die Liebe Gottes zu seiner Kreatur, in der Kreuzigung das Gericht Gottes über alles Fleisch, in der Auferstehung den Willen Gottes zu einer neuen Welt. Nichts wäre nun verkehrter, als diese drei Stücke auseinanderzureißen; denn in jedem von ihnen ist das Ganze enthalten. So unsachgemäß es ist, eine Theologie der Menschwerdung, eine Theologie des Kreuzes oder eine Theologie der Auferstehung gegeneinander aufzurichten durch falsche Absolutsetzung eines dieser Teile, so falsch ist dieses Vorgehen auch für das Denken über das christliche Leben. Eine allein auf der Menschwerdung aufgebaute christliche Ethik würde leicht zu der Kompromißlösung führen, eine allein auf Kreuz oder Auferstehung Jesu aufgebaute Ethik würde dem Radikalismus und der Schwärmerei verfallen. Nur in der Einheit löst sich der Widerstreit.

Ethik, 135–139

Entwurf einer Arbeit

Ich möchte eine – nicht über 100 Seiten lange – Schrift schreiben mit 3 Kapiteln:

1. Bestandsaufnahme des Christentums.
2. Was ist eigentlich christlicher Glaube?
3. Folgerungen.

Im 1. Kapitel ist darzustellen:

a) Das Mündigwerden des Menschen (wie schon angedeutet); die Sicherung des menschlichen Lebens gegen den „Zufall", „Schicksalsschläge"; wenn seine Ausschaltung nicht möglich ist, so doch die Minderung der Gefahr. Das „Versicherungswesen" (das zwar von den „Zufällen" lebt, aber sie weniger schmerzhaft machen will) als abendländische Erscheinung; Ziel ist, unabhängig von der Natur zu sein. Natur wurde früher durch die Seele überwunden, bei uns durch technische Organisation aller Art. Das uns unmittelbar Gegebene ist nicht mehr die Natur, sondern die Organisation. Mit diesem Schutz vor der Bedrohung durch die Natur entsteht aber selbst wieder eine neue Bedrohung des Lebens, nämlich durch die Organisation selbst.
   Nun fehlt die seelische Kraft! Die Frage ist: Was schützt uns gegen die Bedrohung durch die Organisation? Der Mensch wird wieder auf sich selbst verwiesen. Mit allem ist er fertig geworden, nur nicht mit sich selbst. Gegen alles kann er sich versichern, nur nicht gegen den Menschen. Zuletzt kommt es doch auf den Menschen an.
b) Die Religionslosigkeit des mündig gewordenen Menschen. „Gott" als Arbeitshypothese, als Lückenbüßer für unsere Verlegenheiten, ist überflüssig geworden (wie schon angedeutet).
c) Die evangelische Kirche: Pietismus als letzter Versuch, das evangelische Christentum als Religion zu erhalten; die lutherische Orthodoxie, der Versuch, die Kirche als Heilsanstalt zu retten; Bekennende Kirche: Offenbarungstheologie; ein δὸς μοὶ ποῦ στῶ [„Gib mir einen festen Platz, auf dem ich

stehen kann“] gegenüber der Welt; um sie herum ein „sachliches“ Interesse am Christentum. Kunst, Wissenschaft auf der Suche nach ihrem Ursprung. Allgemein in der Bekennenden Kirche: Eintreten für die „Sache“ der Kirche etc., aber wenig persönlicher Christusglaube. „Jesus“ entschwindet dem Blick. Soziologisch: keine Wirkung auf die breiten Massen; Sache der Klein- und Großbürger. Starke Belastung mit schweren, tradierten Gedanken. Entscheidend: Kirche in der Selbstverteidigung. Kein Wagnis für andere.

d) Moral des Volkes. Demonstriert an der Sexualmoral.

2. Kapitel:

a) Weltlichkeit und Gott.
b) Wer ist Gott? Nicht zuerst ein allgemeiner Gottesglaube an Gottes Allmacht etc. Das ist keine echte Gotteserfahrung, sondern ein Stück prolongierter Welt. Begegnung mit Jesus Christus. Erfahrung, daß hier eine Umkehrung alles menschlichen Seins gegeben ist, darin, daß Jesus nur „für andere da ist“. Das „Für-andere-Dasein“ Jesu ist die Transzendenzerfahrung! Aus der Freiheit von sich selbst, aus dem „Für-andere-Dasein“ bis zum Tod entspringt erst die Allmacht, Allwissenheit, Allgegenwart. Glaube ist das Teilnehmen an diesem Sein Jesu. (Menschwerdung, Kreuz, Auferstehung.) Unser Verhältnis zu Gott ist kein „religiöses“ zu einem denkbar höchsten, mächtigsten, besten Wesen – dies ist keine echte Transzendenz –, sondern unser Verhältnis zu Gott ist ein neues Leben im „Dasein-für-andere“, in der Teilnahme am Sein Jesu. Nicht die unendlichen, unerreichbaren Aufgaben, sondern der jeweils gegebene erreichbare Nächste ist das Transzendente. Gott in Menschengestalt! Nicht wie bei orientalischen Religionen in Tiergestalten als das Ungeheure, Chaotische, Ferne, Schauerliche; aber auch nicht in den Begriffsgestalten des Absoluten, Metaphysischen, Unendlichen etc.; aber auch nicht die griechische Gott-Menschengestalt des „Menschen an sich“, sondern „der Mensch für andere“!, darum der Gekreuzigte. Der aus dem Transzendenten lebende Mensch.

c) Interpretation der biblischen Begriffe von hier aus. (Schöpfung, Fall, Versöhnung, Buße, Glaube, vita nova, letzte Dinge.)
d) Kultus. (Darübar später ausführlich, speziell über Kultus und „Religion"!)
e) Was glauben wir wirklich?, d. h. so, daß wir mit unserem Leben daran hängen? Problem des Apostolikum? Was *muß* ich glauben?, falsche Frage, überholte Kontroversfragen, spez. interkonfessionell; die lutherisch-reformierten – (teils auch katholischen) Gegensätze sind nicht mehr echt. Natürlich kann man sie jederzeit mit Pathos repristinieren, aber sie verfangen doch nicht mehr. Dafür gibt es keinen Beweis, davon muß man einfach auszugehen wagen. Beweisen kann man nur, daß der christlich-biblische Glaube nicht von diesen Gegensätzen lebt und abhängt. Barth und Bekennende Kirche führen dazu, daß man sich immer wieder hinter den „Glauben der Kirche" verschanzt und nicht ganz ehrlich fragt und konstatiert, was man selbst eigentlich glaubt. Darum weht auch in der Bekennenden Kirche nicht ganz freie Luft. Die Auskunft, es komme nicht auf mich, sondern auf die Kirche an, kann eine pfäffische Ausrede sein und wird draußen immer so empfunden. Ähnlich steht es mit dem dialektischen Verweis darauf, daß ich nicht über meinen Glauben verfüge und daher auch nicht einfach sagen kann, was ich glaube. Alle diese Gedanken, so gerechtfertigt sie an ihrem Ort sein mögen, entbinden uns nicht von der Redlichkeit uns selbst gegenüber. Wir können uns nicht, wie die Katholiken, einfach mit der Kirche identifizieren. (Übrigens liegt hier wohl der Ursprung der vulgären Meinung von der Unaufrichtigkeit der Katholiken.) Also, was glauben wir wirklich? Antwort unter b), c), d).

3. Kapitel:
Folgerungen:
Die Kirche ist nur Kirche, wenn sie für andere da ist. Um einen Anfang zu machen, muß sie alles Eigentum den Notleidenden schenken. Die Pfarrer müssen ausschließlich von den freiwilli-

gen Gaben der Gemeinden leben, evtl. einen weltlichen Beruf ausüben. Sie muß an den weltlichen Aufgaben des menschlichen Gemeinschaftslebens teilnehmen, nicht herrschend, sondern helfend und dienend. Sie muß den Menschen aller Berufe sagen, was ein Leben mit Christus ist, was es heißt, „für andere dazusein". Speziell wird *unsere* Kirche den Lastern der Hybris, der Anbetung der Kraft und des Neides und des Illusionismus als den Wurzeln allen Übels entgegentreten müssen. Sie wird von Maß, Echtheit, Vertrauen, Treue, Stetigkeit, Geduld, Zucht, Demut, Genügsamkeit, Bescheidenheit sprechen müssen. Sie wird die Bedeutung des menschlichen „Vorbildes" (das in der Menschheit Jesu seinen Ursprung hat und bei Paulus so wichtig ist!) nicht unterschätzen dürfen; nicht durch Begriffe, sondern durch „Vorbild" bekommt ihr Wort Nachdruck und Kraft. (Über das „Vorbild" im Neuen Testament schreibe ich noch besonders! Der Gedanke ist uns fast ganz abhanden gekommen!) Ferner: Revision der „Bekenntnis"frage (Apostolikum); Revision der Kontroverstheologie; Revisson der Vorbereitung auf das Amt und der Amtsführung. –
Das ist alles sehr roh und summarisch gesagt. Aber es liegt mir daran, einmal den Versuch zu machen, einfach und klar gewisse Dinge auszusprechen, um die wir uns sonst gern herumdrücken. Ob es gelingt, ist eine andere Frage, zumal ohne die Hilfe des Gespräches. Ich hoffe damit für die Zukunft der Kirche einen Dienst tun zu können.

Juli/August 1944. Widerstand und Ergebung, 413–416

Der Blick von unten

Es bleibt ein Erlebnis von unvergleichlichem Wert, daß wir die großen Ereignisse der Weltgeschichte einmal von unten, aus der Perspektive der Ausgeschalteten, Beargwöhnten, Schlechtbehandelten, Machtlosen, Unterdrückten und Verhöhnten, kurz der Leidenden sehen gelernt haben. Wenn nur in dieser Zeit nicht Bitterkeit oder Neid das Herz zerfressen hat, daß wir Großes und Kleines, Glück und Unglück, Stärke und Schwäche mit neuen Augen ansehen, daß unser Blick für Größe, Menschlichkeit, Recht und Barmherzigkeit klarer, freier, unbestechlicher geworden ist, ja, daß das persönliche Leiden ein tauglicherer Schlüssel, ein fruchtbareres Prinzip zur betrachtenden und tätigen Erschließung der Welt ist als persönliches Glück. Es kommt nur darauf an, daß diese Perspektive von unten nicht zur Parteinahme für die ewig Unzufriedenen wird, sondern daß wir aus einer höheren Zufriedenheit, die eigentlich jenseits von unten und oben begründet ist, dem Leben in allen seinen Dimensionen gerecht werden und es so bejahen.

Etwa Ende 1942. Ges. Schriften II, 441

Schuldbekenntnis

Es ist ein Zeichen der lebendigen Gegenwart Christi, daß es Menschen gibt, in denen die Erkenntnis des Abfalls von Jesus Christus nicht nur in dem Sinne wachgehalten wird, daß dieser Abfall bei den anderen konstatiert wird, sondern so, daß Menschen sich selbst an diesem Abfall schuldig bekennen. Das Bekenntnis der Schuld geschieht ohne Seitenblick auf die Mitschuldigen. Es ist streng exklusiv, indem es alle Schuld auf sich nimmt. Wo noch gerechnet und abgewogen wird, dort tritt die unfruchtbare Moral der Selbstgerechtigkeit an die Stelle des Schuldbekenntnisses angesichts der Gestalt Christi. Eben weil nicht die einzelnen Verfehlungen, sondern die Gestalt Christi der Ursprung des Schuldbekenntnisses ist, darum ist dieses ein bedingungsloses und vollständiges; denn durch nichts anderes bezwingt uns ja Christus stärker als dadurch, daß er unsere Schuld bedingungslos und vollständig auf sich nahm, sich für schuldig erklärte an unserer Schuld und uns frei ausgehen ließ. Der Blick auf diese Gnade Christi befreit gänzlich vom Blick auf die Schuld der anderen und läßt den Menschen vor Christus in die Knie sinken mit dem Bekenntnis: mea culpa, mea maxima culpa.

Mit diesem Bekenntnis fällt die ganze Schuld der Welt auf die Kirche, auf die Christen, und indem sie hier nicht geleugnet,

sondern bekannt wird, tut sich die Möglichkeit der Vergebung auf. Für den Moralisten völlig unbegreiflich wird hier nicht nach dem eigentlichen Schuldigen gesucht, wird nicht die gerechte Sühne als Strafe an dem Bösen und als Lohn an dem Guten gefordert, der Böse wird nicht bei seinem Bösen behaftet (im Sinne des Apokalyptischen: „Wer böse ist, der sei fernerhin böse." – Apk. 22,11), sondern die Menschen sind es, die alle, wirklich alle Schuld auf sich selbst nehmen, nicht in irgendeinem heroischen Entschluß der Aufopferung, sondern einfach überwältigt durch ihre eigenste Schuld an Christus, und die in diesem Augenblick nicht mehr an vergeltende Gerechtigkeit gegenüber den „Hauptschuldigen", sondern nur noch an die Vergebung ihrer eigenen großen Schuld denken können.
Es ist zunächst die ganz persönliche Sünde des einzelnen, die hier als vergiftende Quelle für die Gemeinschaft erkannt wird. Auch die heimlichste Sünde des einzelnen ist Verunreinigung und Zerstörung des Leibes Christi (1. Kor. 6,15). Aus dem Begehren, das in unseren Gliedern steckt, entsteht Mord, Neid, Streit, Krieg (Jak. 4,1 ff). Ich kann mich nicht dabei beruhigen, daß mein Anteil nur ein verschwindend geringer sei; hier wird nicht gerechnet, sondern ich muß erkennen, daß gerade meine Sünde an allem schuld ist. Ich bin schuldig des ungeordneten Begehrens, ich bin schuldig des feigen Verstummens, wo ich hätte reden sollen, ich bin schuldig der Heuchelei und der Unwahrhaftigkeit angesichts der Gewalt, ich bin schuldig der Unbarmherzigkeit und der Verleugnung der Ärmsten meiner Brüder, ich bin schuldig der Untreue und des Abfalls von Christus. Was geht es euch an, ob andere auch schuldig sind? Jede Sünde eines anderen kann ich entschuldigen, nur meine eigene Sünde bleibt Schuld, die ich nie entschuldigen kann. Es ist keine krankhaft ichbezogene Verzerrung der Wirklichkeit, sondern es ist das Wesen echter Schulderkenntnis, daß sie nicht mehr rechnen und rechten kann, sondern die eigene Sünde Adams erkennt. Es ist auch sinnlos, solche Erkenntnis durch den Hinweis darauf ad absurdum führen zu wollen, daß es unzählige einzelne seien, von denen sich jeder in solcher Weise der Schuld am Ganzen bewußt sei. Diese vielen einzelnen schließen sich ja zusammen in dem

Gesamt-Ich der Kirche. In ihnen und durch sie bekennt und erkennt die Kirche ihre Schuld.
Die Kirche bekennt, ihre Verkündigung von dem einen Gott, der sich in Jesus Christus für alle Zeiten offenbart hat und der keine anderen Götter neben sich leidet, nicht offen und deutlich genug ausgerichtet zu haben. Sie bekennt ihre Furchtsamkeit, ihr Abweichen, ihre gefährlichen Zugeständnisse. Sie hat ihr Wächteramt und ihr Trostamt oftmals verleugnet. Sie hat dadurch den Ausgestoßenen und Verachteten die schuldige Barmherzigkeit oftmals verweigert. Sie war stumm, wo sie hätte schreien müssen, weil das Blut der Unschuldigen zum Himmel schrie. Sie hat das rechte Wort in rechter Weise zu rechter Zeit nicht gefunden. Sie hat dem Abfall des Glaubens nicht bis aufs Blut widerstanden und hat die Gottlosigkeit der Massen verschuldet.
Die Kirche bekennt, den Namen Jesu Christi mißbraucht zu haben, indem sie sich seiner vor der Welt geschämt hat und Mißbrauch dieses Namens zu bösem Zweck nicht kräftig genug gewehrt hat: Sie hat es mit angesehen, daß unter dem Deckmantel des Namens Christi Gewalttat und Unrecht geschah. Sie hat aber auch die offene Verhöhnung des heiligsten Namens ohne Widerspruch gelassen und ihr damit Vorschub geleistet. Sie erkennt, daß Gott den nicht ungestraft lassen wird, der so wie sie seinen Namen mißbraucht.
Die Kirche bekennt sich schuldig an dem Verlust des Feiertags, an der Verödung ihrer Gottesdienste, an der Verachtung der sonntäglichen Ruhe. Sie hat sich an der Rastlosigkeit und Unruhe, aber auch an der Ausbeutung der Arbeitskraft über den Werktag hinaus schuldig gemacht, weil ihre Predigt von Jesus Christus schwach und ihr Gottesdienst matt war.
Die Kirche bekennt, an dem Zusammenbruch der elterlichen Autorität schuldig zu sein. Der Verachtung des Alters und der Vergötterung der Jugend ist die Kirche nicht entgegengetreten aus Furcht, die Jugend und damit die Zukunft zu verlieren, als wäre ihre Zukunft die Jugend! Sie hat die göttliche Würde der Eltern gegen eine revolutionierende Jugend nicht zu verkündigen gewagt und hat den sehr irdischen Versuch gemacht, „mit

der Jugend zu gehen". So ist sie schuldig an der Zerstörung unzähliger Familien, an dem Verrat der Kinder an ihren Vätern, an der Selbstvergötterung der Jugend und damit an ihrer Preisgabe an den Abfall von Christus.

Die Kirche bekennt, die willkürliche Anwendung brutaler Gewalt, das leibliche und seelische Leiden unzähliger Unschuldiger, Unterdrückung, Haß und Mord gesehen zu haben, ohne ihre Stimme für sie zu erheben, ohne Wege gefunden zu haben, ihnen zu Hilfe zu eilen. Sie ist schuldig geworden am Leben der schwächsten und wehrlosesten Brüder Jesu Christi.

Die Kirche bekennt, kein wegweisendes und helfendes Wort gewußt zu haben zu der Auflösung aller Ordnung im Verhältnis der Geschlechter zueinander. Sie hat der Verhöhnung der Keuschheit und der Proklamation der geschlechtlichen Zügellosigkeit nichts Gültiges und Starkes entgegenzusetzen gewußt. Sie ist über eine gelegentliche moralische Entrüstung nicht hinausgekommen. Sie ist damit schuldig geworden an der Reinheit und Gesundheit der Jugend. Sie hat die Zugehörigkeit unseres Leibes zum Leib Jesu Christi nicht stark zu verkündigen gewußt.

Die Kirche bekennt, Beraubung und Ausbeutung der Armen, Bereicherung und Korruption der Starken stumm mitangesehen zu haben.

Die Kirche bekennt, schuldig geworden zu sein an den Unzähligen, deren Leben durch Verleumdung, Denunziation, Ehrabschneidung vernichtet worden ist. Sie hat den Verleumder nicht seines Unrechtes überführt und hat so den Verleumdeten seinem Geschick überlassen.

Die Kirche bekennt, begehrt zu haben nach Sicherheit, Ruhe, Friede, Besitz, Ehre, auf die sie keinen Anspruch hatte, und so die Begierden der Menschen nicht gezügelt, sondern gefördert zu haben.

Die Kirche bekennt sich schuldig aller zehn Gebote, sie bekennt darin ihren Abfall von Christus. Sie hat die Wahrheit Gottes nicht so bezeugt, daß alles Wahrheitsforschen, alle Wissenschaft ihren Ursprung in dieser Wahrheit erkennt; sie hat die Gerechtigkeit Gottes nicht so verkündigt, daß alles wirkliche Recht in ihr die Quelle des eigenen Wesens sehen mußte; sie hat die Fürsorge Gottes nicht so glaubhaft zu machen vermocht, daß alles menschliche Wirtschaften von ihr aus seine Aufgabe in Empfang genommen hätte. Durch ihr eigenes Verstummen ist die Kirche schuldig geworden an dem Verlust an verantwortlichem Handeln, an Tapferkeit des Einstehens und Bereitschaft, für das als recht Erkannte zu leiden. Sie ist schuldig geworden an dem Abfall der Obrigkeit von Christus.

Ist das zu viel gesagt? Sollten hier einige ganz Gerechte sich erheben und beweisen wollen, daß nicht die Kirche, sondern gerade die anderen die Schuld träfe? Wollten etwa einige Kirchenmänner dies alles als grobe Beschimpfung von sich weisen und in der Anmaßung, berufener Richter der Welt zu sein, das Maß der Schuld hier und da wägen und zuteilen? War denn die Kirche nicht nach allen Seiten gehindert und gebunden? Stand nicht die ganze weltliche Gewalt gegen sie? Durfte denn die Kirche ihr Letztes, ihre Gottesdienste, ihr Gemeindeleben gefährden, indem sie den Kampf mit den antichristlichen Gewalten aufnahm? So spricht der Unglaube, der im Bekenntnis der Schuld nicht die Wiedergewinnung der Gestalt Jesu Christi, der die Sünde der Welt trug, sondern nur eine gefährliche moralische Degradierung erkennt. Das freie Schuldbekenntnis ist ja nicht etwas, das man tun oder auch lassen könnte, sondern es ist der Durchbruch der Gestalt Jesu Christi in der Kirche, den die Kirche an sich geschehen läßt oder sie hört auf, Kirche Christi zu sein. Wer das Schuldbekenntnis der Kirche erstickt oder verdirbt, der wird in hoffnungsloser Weise schuldig an Christus.

Indem die Kirche die Schuld bekennt, entbindet sie die Menschen nicht von eigenem Schuldbekenntnis, sondern sie ruft sie in die Gemeinschaft des Schuldbekenntnisses hinein. Nur als von Christus gerichtete kann die abgefallene Menschheit vor Christus bestehen. Unter dieses Gericht ruft die Kirche alle, die sie erreicht.

Ethik, 118–123

Daß Verantwortung auf Stellvertretung beruht, geht am deutlichsten aus jenen Verhältnissen hervor, in denen der Mensch unmittelbar genötigt ist, an der Stelle anderer Menschen zu handeln, also etwa als Vater, als Staatsmann, als Lehrmeister. Der Vater handelt an der Stelle der Kinder, indem er für sie arbeitet, für sie sorgt, eintritt, kämpft, leidet. Er tritt damit real an ihre Stelle. Er ist nicht ein isolierter einzelner, sondern er vereinigt in sich das Ich mehrerer Menschen. Jeder Versuch zu leben, als wäre er allein, ist eine Leugnung der Tatsächlichkeit seiner Verantwortlichkeit. Entgehen kann er der durch seine Vaterschaft gegebenen Verantwortlichkeit nicht. An dieser Wirklichkeit scheitert die Fiktion, als sei das Subjekt alles ethischen Verhaltens der isolierte einzelne. Nicht er, sondern der Verantwortliche ist das Subjekt, auf das sich die ethische Besinnung zu richten hat. Darin macht es keinen Unterschied, in welchem Umfang Verantwortung getragen wird, ob für einen einzelnen Menschen, ob für eine Gemeinschaft oder für ganze Gemeinschaftsgruppen. Kein Mensch, der der Verantwortung und das heißt der Stellvertretung überhaupt entgehen könnte. Selbst der Einsame lebt stellvertretend, ja er in qualifizierter Weise, da sein Leben stellvertretend für den Menschen schlechthin, für die Menschheit, gelebt wird. Der Begriff einer Verantwortung für sich selbst ist ja auch nur insofern sinnvoll, als er eben die Verantwortung meint, die ich mir als Mensch – also weil ich Mensch bin – gegenüber wahrnehme. Selbstverantwortung ist in Wahrheit Verantwortung gegenüber dem Menschen und das heißt der Menschheit. Daß Jesus ohne die besondere Verantwortlichkeit einer Ehe, einer Familie, eines Berufes lebte, stellt ihn keineswegs aus dem Bereich der Verantwortlichkeit heraus, sondern macht seine Verantwortung und seine Stellvertretung für alle Menschen nur um so deutlicher. Damit aber rühren wir bereits an den tragenden Grund alles bisher Gesagten. Weil Jesus – das Leben, unser Leben – als der menschgewordene Sohn Gottes stellvertretend für uns gelebt hat, darum ist alles menschliche Leben durch ihn wesentlich stellvertretendes Leben. Jesus war nicht der einzelne, der zu einer eigenen Vollkommenheit gelangen wollte, sondern er lebte nur als der, der in sich das Ich aller Menschen aufgenommen hat und trägt. Sein gesamtes Leben, Handeln und Sterben war Stellvertretung. Was die Menschen leben, handeln und leiden sollten, erfüllt sich an ihm. In dieser realen Stellvertretung, die seine menschliche Existenz ausmacht, ist er der Verantwortliche schlechthin. Weil er das Leben ist, ist durch ihn alles Leben zur Stellvertretung bestimmt. Ob es sich auch dagegen wehrt, so bleibt es doch stellvertretend, zum Leben oder zum Tode, wie der Vater Vater bleibt, zum Guten oder zum Bösen.

Stellvertretung und also Verantwortlichkeit gibt es nur in der vollkommenen Hingabe des eigenen Lebens an den anderen Menschen. Nur der Selbstlose lebt verantwortlich, und das heißt, nur der Selbstlose *lebt.* Wo das göttliche Ja und Nein im Menschen eins werden, dort wird verantwortlich gelebt. Die Selbstlosigkeit in der Verantwortung ist eine so restlose, daß hier das Goethe'sche Wort von dem Handelnden, der immer gewissenlos ist, seinen rechten Ort bekommt. Ein Mißbrauch des stellvertretenden Lebens droht von zwei Seiten: durch die Absolutsetzung des eigenen Ich wie durch die Absolutsetzung des anderen Menschen. Im ersten Fall führt das Verhältnis der Verantwortung zur Vergewaltigung und Tyrannei. Dabei ist verkannt, daß nur der Selbstlose verantwortlich handeln kann. Im zweiten Fall wird das Wohl des andern Menschen, dem ich verantwortlich bin, unter Mißachtung aller anderen Verantwortlichkeiten absolut gesetzt, und es entsteht eine Willkür des Handelns, die der Verantwortung vor Gott, der in Jesus Christus aller Menschen Gott ist, spottet. In beiden Fällen ist Ursprung, Wesen und Ziel des verantwortlichen Lebens in Jesus Christus geleugnet und die Verantwortung zu einem selbstgemachten abstrakten Götzen geworden.

Als stellvertretendes Leben und Handeln ist Verantwortung wesentlich ein Verhältnis von Mensch zu Mensch. Christus wurde Mensch und trug damit stellvertretende Verantwortung für Menschen. Es gibt auch eine Verantwortung für Dinge, Zustände, Werte, aber doch nur unter der strengen Wahrung der ursprünglichen, wesenhaften und zielhaften Bestimmung aller Dinge, Zustände, Werte durch Christus (Joh. 1,3), den menschgewordenen Gott. Durch Christus erhält die Welt der Dinge und Werte ihre schöpfungsgemäße Ausrichtung auf den Menschen zurück. Die oft gehörte Rede von der Verantwortung für eine Sache hat ihr Recht nur innerhalb dieser Grenze. Darüber hinaus dient sie in gefährlicher Weise jener Verkehrung alles Lebens, die in der Herrschaft der Dinge über den Menschen besteht. Es gibt eine Hingabe an die Sache der Wahrheit, des Guten, des Gerechten, des Schönen, in der die Frage nach der Nutzanwendung eine Profanierung wäre und die es doch selbst evident macht, daß die höchsten Werte dem Menschen dienen müssen. Es gibt aber auch eine Vergottung aller dieser Werte, die nichts mehr mit Verantwortung zu tun hat, sondern die aus einer Besessenheit herkommt, die den Menschen zerstört, indem sie ihn dem Götzen aufopfert. Nicht der Nutzen der Sache für den Menschen und also der Mißbrauch ihres Wesens, sondern ihre wesenhafte Ausrichtung auf den Menschen ist unter „Verantwortung für eine Sache“ zu verstehen. Es ist also der banausische Pragmatismus gänzlich ausgeschlossen, der – mit den Worten Schillers – aus der Göttin eine melkende Kuh macht, indem das in sich Wertvolle in kurzsichtiger direkter Weise dem menschlichen Nutzen untergeordnet wird. Aber die Welt der Dinge erfährt erst ihre volle Freiheit und Tiefe, wenn sie in ihrer ursprünglichen, wesenhaften und zielhaften Richtung auf die Welt der Personen erfaßt wird; denn es harret – um mit Paulus zu sprechen – die ganze Kreatur sehnsüchtig auf das Offenbarwerden der Herrlichkeit der Kinder Gottes, ja, sie selbst, die Kreatur, wird von der Knechtschaft der Vergänglichkeit (die ja auch in ihrem falschen Sichvergotten besteht) befreit werden zur Teilnahme an der herrlichen Freiheit der Kinder Gottes (Röm. 8,19–21).

Ethik, 238–241

Schuldübernahme

Es geht aus dem Gesagten hervor, daß zur Struktur verantwortlichen Handelns *die Bereitschaft zur Schuldübernahme und die Freiheit gehört.*

Indem wir unseren Blick wieder auf den Ursprung aller Verantwortlichkeit richten, wird uns deutlich, was unter Schuldübernahme zu verstehen ist. Weil es Jesus nicht um die Proklamation und Verwirklichung neuer ethischer Ideale, also auch nicht um sein eigenes Gutsein (Matth. 19,17), sondern allein um die Liebe zum wirklichen Menschen geht, darum kann er in die Gemeinschaft ihrer Schuld eintreten, sich mit ihrer Schuld belasten lassen. Jesus will nicht auf Kosten der Menschen als der einzig Vollkommene gelten, will nicht als der einzig Schuldlose auf die unter ihrer Schuld zugrundegehende Menschheit herabsehen, will nicht über den Trümmern einer an ihrer Schuld gescheiterten Menschheit irgendeine Idee eines neuen Menschen triumphieren lassen. Er will sich nicht von der Schuld freisprechen, unter der die Menschen sterben. Eine Liebe, die den Menschen in seiner Schuld allein ließe, hätte nicht den wirklichen Menschen zum Gegenstand. Als im geschichtlichen Dasein der Menschen verantwortlich Handelnder wird Jesus schuldig. Es ist – wohl gemerkt – allein seine Liebe, die ihn schuldig werden läßt. Aus seiner selbstlosen Liebe, aus seiner Sündlosigkeit heraus, tritt Jesus in die Schuld der Menschen ein, nimmt sie auf sich. Sündlosigkeit und Schuld tragen gehören in ihm unlösbar zusammen. Als der Sündlose nimmt Jesus die Schuld seiner Brüder auf sich und unter der Last dieser Schuld erweist er sich als der Sündlose. In diesem sündlos-schuldigen Jesus Christus hat nun jedes stellvertretend verantwortliche Handeln seinen Ursprung. Gerade weil und wenn es verantwortlich ist, weil und wenn es in ihm ganz um den anderen Menschen geht, weil und wenn es aus selbstloser Liebe zum wirklichen menschlichen Bruder hervorgeht, kann es sich der Gemeinschaft der menschlichen Schuld nicht entziehen wollen. Weil Jesus die Schuld aller Menschen auf sich nahm, darum wird jeder verantwortlich Handelnde schuldig. Wer sich in der Verantwortung der Schuld entziehen will, löst sich aber auch aus dem erlösenden Geheimnis des sündlosen Schuldtragens Jesu Christi und hat keinen Anteil an der göttlichen Rechtfertigung, die über diesem Ereignis liegt. Er stellt seine persönliche Unschuld über die Verantwortung für die Menschen, und er ist blind für die heillosere Schuld, die er gerade damit auf sich lädt, blind auch dafür, daß sich die wirkliche Unschuld gerade darin erweist, daß sie um der anderen Menschen willen in die Gemeinschaft seiner Schuld eingeht. Daß der Sündlose als selbstlos Liebender schuldig wird, gehört durch Jesus Christus zum Wesen verantwortlichen Handelns.

Ethik, 255 f

Das Gewissen

Gegen dieses alles gibt es einen Widerspruch von unbestreitbarer Erhabenheit. Er kommt aus der hohen Instanz des Gewissens, das sich weigert, seine Unversehrtheit irgendeinem anderen Gut zu opfern, das sich weigert, um eines anderen Menschen willen schuldig zu werden. Die Verantwortung für den Nächsten hat hier ihre Grenze in der Unantastbarkeit des Gewissensrufes. Eine Verantwortung, die zu einem Handeln wider das Gewissen zwingt, würde sich selbst verurteilen. Was ist daran richtig und was falsch?

Richtig ist, daß es niemals geraten sein kann, wider das eigene Gewissen zu handeln. Darin ist sich alle christliche Ethik einig. Aber was bedeutet das? Das Gewissen ist der aus einer Tiefe jenseits des eigenen Willens und der eigenen Vernunft sich zu Gehör bringende Ruf der menschlichen Existenz zur Einheit mit sich selbst. Es erscheint als Anklage gegen die verlorene Einheit und als Warnung vor dem sich selbst Verlieren. Es ist primär nicht auf ein bestimmtes Tun, sondern auf ein bestimmtes Sein gerichtet. Es protestiert gegen ein Tun, das dieses Sein in der Einheit mit sich selbst gefährdet.

In dieser formalen Bestimmtheit bleibt das Gewissen eine Instanz, gegen die zu handeln höchst widerraten ist; die Mißachtung des Gewissensrufes muß eine Zerstörung – nicht etwa eine sinnvolle Hingabe – des eigenen Seins, einen Zerfall der menschlichen Existenz zur Folge haben. Das Handeln wider das Gewissen liegt in der Richtung des selbstmörderischen Handelns gegen das eigene Leben, und es ist kein Zufall, daß beides oft genug miteinander verbunden ist. Ein verantwortliches Handeln, das dem Gewissen in diesem formalen Sinn Gewalt antun wollte, wäre in der Tat verwerflich.

Die Frage ist aber damit keineswegs erschöpft. Kommt der Gewissensruf aus der gefährdeten Einheit des Menschen mit sich selbst, so ist nun auch nach dem Inhalt dieser Einheit zu fragen. Dieser ist zunächst das eigene Ich in seinem Anspruch, „wie Gott" – sicut deus – sein zu wollen in der Erkenntnis des Guten und des Bösen. Der Gewissensruf im natürlichen Menschen ist der Versuch des Ich, sich in seinem Wissen um Gut und Böse vor Gott, vor den Menschen und vor sich selbst zu rechtfertigen und in dieser Selbstrechtfertigung bestehen zu können. Das Ich, das in seiner kontingenten Einzelheit keinen Halt findet, führt sich auf ein allgemeines Gesetz des Guten zurück und sucht in der Übereinstimmung mit ihm die Einheit mit sich selbst. So hat der Gewissensruf seinen Ursprung und sein Ziel in der *Autonomie* des eigenen Ich. Es gilt, in der Befolgung des Rufes diese Autonomie, die ihren Ursprung jenseits des eigenen Wollens und Wissens „in Adam" hat, jeweils selbst neu zu verwirklichen. So bleibt der Mensch in seinem Gewissen gebunden an ein selbstgefundenes Gesetz, das konkret in verschiedener Gestalt auftreten kann, aber bei dem Verlust des eigenen Selbst unüberschreitbares Gesetz bleibt.

Die große Veränderung tritt, was wir nun begreifen, in dem Auganblick ein, in dem die Einheit der menschlichen Existenz nicht mehr in ihrer Autonomie besteht, sondern – durch das Wunder des Glaubens – jenseits des eigenen Ich und seines Gesetzes in Jesus Christus gefunden wird. Formal hat diese Veränderung des Einheitspunktes seine Analogie durchaus im säkularen Bereich. Wenn der Nationalsozialist sagt: mein Gewissen ist Adolf Hitler, so ist auch damit der Versuch gemacht, die Einheit des Ich jenseits seiner selbst zu begründen.

Es hat dies dann die Preisgabe der Autonomie zugunsten einer bedingungslosen Heteronomie zur Folge, was wiederum nur dann möglich ist, wenn der andere Mensch, in dem ich die Einheit meines Lebens suche, in die Funktion meines Erlösers tritt. Es läge dann hier die prägnanteste säkulare Parallele und damit der prägnanteste Widerspruch zur christlichen Wahrheit vor.

Wo Christus, wahrer Gott und wahrer Mensch, zum Einheitspunkt meiner Existenz geworden ist, dort bleibt zwar das Gewissen – formal – immer noch der Ruf aus meinem eigentlichen Sein zur Einheit mit mir selbst, diese Einheit kann aber nicht mehr verwirklicht werden in der Rückkehr zu meiner aus dem Gesetz lebenden Autonomie, sondern in der Gemeinschaft mit Jesus Christus. Das natürliche – und sei es das rigoroseste – Gewissen erweist sich nun als die gottloseste Selbstrechtfertigung, es wird überwunden durch das in Jesus Christus befreite Gewissen, das zur Einheit mit mir selbst in Jesus Christus ruft. Jesus Christus ist mein Gewissen geworden. Das bedeutet, daß ich die Einheit mit mir selbst nur noch in der Hingabe meines Ich an Gott und die Menschen finden kann. Nicht ein Gesetz, sondern der lebendige Gott und der lebendige Mensch, wie er mir in Jesus Christus begegnet, ist Ursprung und Ziel meines Gewissens.

Ethik, 257 ff

Was heißt: Die Wahrheit sagen?

Von dem Zeitpunkt unseres Lebens an, in dem wir der Sprache mächtig werden, lehrt man uns, daß unsere Worte wahr sein müssen. Was heißt das? Was heißt: „Die Wahrheit sagen“? Was fordert es von uns?

Es ist klar, daß es zunächst die Eltern sind, die mit der Forderung der Wahrhaftigkeit unser Verhältnis zu ihnen ordnen, und dementsprechend ist diese Forderung auch zunächst und – in dem von den Eltern gemeinten Sinne – auf diesen engsten Kreis der Familie bezogen und beschränkt. Es ist weiter zu beachten, daß das Verhältnis, das in dieser Forderung ausgesprochen ist, nicht einfach umkehrbar ist. Die Wahrhaftigkeit des Kindes gegenüber den Eltern ist wesensgemäß eine andere als die der Eltern gegenüber dem Kinde. Während das Leben des kleinen Kindes vor den Eltern aufgedeckt da liegt und das Wort des Kindes alles Verborgene und Heimliche offenbaren soll, kann davon im umgekehrten Verhältnis nicht die Rede sein. Der Anspruch der Eltern an das Kind ist also in bezug auf die Wahrhaftigkeit ein anderer als der des Kindes an die Eltern.

Daraus geht bereits hervor, daß „die Wahrheit sagen" je nach dem Ort, an dem man sich befindet, etwas Verschiedenes bedeutet. Es müssen die jeweiligen Verhältnisse bedacht werden. Es muß die Frage gestellt werden, ob und in welcher Weise ein Mensch berechtigt ist, vom anderen die wahrheitsgemäße Rede zu verlangen. Wie das Wort zwischen Eltern und Kindern deren Wesen gemäß ein anderes ist als das zwischen Mann und Frau, zwischen Freund und Freund, zwischen Lehrer und Schüler, zwischen Obrigkeit und Untertan, zwischen Freund und Feind, ebenso ist die in diesen Worten enthaltene Wahrheit eine verschiedene.

Der sich sofort stellende Einwand, man schulde die wahrheitsgemäße Rede doch nicht diesem oder jenem, sondern allein Gott, ist richtig, sofern nur dabei nicht außer acht gelassen wird, daß eben Gott kein allgemeines Prinzip ist, sondern der Lebendige, der mich in ein lebendiges Leben gestellt hat und in ihm meinen Dienst fordert. Wer Gott sagt, darf die gegebene Welt, in der er lebt, nicht einfach durchstreichen; er spräche sonst nicht von dem Gott, der in Jesus Christus in die Welt einging, sondern von irgendeinem metaphysischen Götzen. Darum geht es ja gerade, wie ich die wahrheitsgemäße Rede, die ich Gott schulde, in meinem konkreten Leben mit seinen mannigfaltigen Verhältnissen zur Geltung bringe. Die Gott geschuldete Wahrhaftigkeitsgemäßheit unserer Worte muß in der Welt konkrete Gestalt annehmen. Unser Wort soll nicht prinzipiell, sondern konkret wahrheitsgemäß sein. Eine nicht konkrete Wahrheitsgemäßheit ist vor Gott gar nicht wahrheitsgemäß.

„Die Wahrheit sagen" ist also nicht nur eine Sache der Gesin-

nung, sondern auch der richtigen Erkenntnis und des ernsthaften Bedenkens der wirklichen Verhältnisse. Je mannigfaltiger die Lebensverhältnisse eines Menschen sind, desto verantwortlicher und schwerer wird es für ihn, „die Wahrheit zu sagen". Das Kind, das nur in einer einzigen Lebensbeziehung, nämlich der zu seinen Eltern, steht, hat noch nichts zu bedenken und abzuwägen. Aber schon der nächste Lebenskreis, in den es gestellt wird, die Schule, bringt die erste Schwierigkeit. Es ist pädagogisch daher von der größten Wichtigkeit, daß die Eltern auf irgendeine – hier nicht zu erörternde – Weise den Kindern die Verschiedenheit dieser Lebenskreise und seiner Verantwortlichkeiten verständlich machen.
„Die Wahrheit sagen" muß also gelernt werden. Das klingt für denjenigen greulich, der meint, allein die Gesinnung müsse es machen, und wenn diese untadelig sei, sei alles andere ein Kinderspiel. Da es aber nun einmal so ist, daß das Ethische nicht von der Wirklichkeit gelöst werden kann, ist das immer bessere Erkennenlernen der Wirklichkeit ein notwendiger Bestandteil des ethischen Handelns. In der uns beschäftigenden Frage aber besteht das Handeln im Sprechen. *Das Wirkliche* soll in Worten ausgesprochen werden. Darin besteht die wahrheitsgemäße Rede. Damit ist aber unvermeidlich die Frage nach dem „Wie" der Worte gestellt. Es geht um das jeweils „rechte Wort". Dieses zu finden, ist eine Sache langer, ernster und immer fortschreitender Bemühung aufgrund von Erfahrung und Erkenntnis des Wirklichen. Um zu sagen, wie eine Sache wirklich ist, d. h. um wahrheitsgemäß zu sprechen, muß sich der Blick und das Denken danach richten, wie das Wirkliche in Gott und durch Gott und zu Gott ist.
Es ist oberflächlich, dieses Problem der wahrheitsgemäßen Rede auf einzelne Konfliktsfälle zu beschränken. Jedes Wort, das ich überhaupt rede, steht unter der Bestimmung, wahr zu sein; ganz abgesehen von der Wahrheitsgemäßheit seines Inhaltes, ist schon das in ihm ausgedrückte Verhältnis von mir zu einem anderen Menschen wahr oder unwahr. Ich kann schmeicheln, ich kann mich überheben oder ich kann heucheln, ohne eine materielle Unwahrheit auszusprechen, und mein Wort ist doch unwahr,

weil ich die Wirklichkeit des Verhältnisses von Mann und Frau oder Vorgesetzten und Untergebenen etc. zerstöre und zersetze. Das einzelne Wort ist immer Teil eines Wirklichkeitsganzen, das im Wort zum Ausdruck kommen will. Je nach dem, zu wem ich spreche, von wem ich gefragt bin, worüber ich spreche, muß mein Wort, wenn es wahrheitsgemäß sein will, ein verschiedenes sein. Das wahrheitsgemäße Wort ist nicht eine in sich konstante Größe, sondern ist so lebendig wie das Leben selbst. Wo es sich vom Leben und von der Beziehung zum konkreten anderen Menschen löst, wo die „Wahrheit gesagt wird" ohne Beachtung dessen, zu wem ich sie sage, dort hat sie nur den Schein, aber nicht das Wesen der Wahrheit.

Es ist der Zyniker, der unter dem Anspruch, überall und jederzeit und jedem Menschen in gleicher Weise „die Wahrheit zu sagen", nur ein totes Götzenbild der Wahrheit zur Schau stellt. Indem er sich den Nimbus des Wahrheitsfanatikers gibt, der auf menschliche Schwachheiten keine Rücksicht nehmen kann, zerstört er die lebendige Wahrheit zwischen den Menschen. Er verletzt die Scham, entheiligt das Geheimnis, bricht das Vertrauen, verrät die Gemeinschaft, in der er lebt, und lächelt hochmütig über das Trümmerfeld, das er angerichtet hat, über die menschliche Schwäche, die „die Wahrheit nicht ertragen kann". Er sagt, die Wahrheit sei zerstörerisch und fordere ihre Opfer, und er fühlt sich wie ein Gott über den schwachen Kreaturen und weiß nicht, daß er dem Satan dient.

Es gibt eine Satansweisheit. Ihr Wesen ist, daß sie unter dem Schein der Wahrheit alles leugnet, was wirklich ist. Sie lebt von dem Haß gegen das Wirkliche, gegen die Welt, die von Gott geschaffen und geliebt ist. Sie gibt sich den Anschein, als vollzöge sie das Gericht Gottes über den Sündenfall des Wirklichen. Aber Gottes Wahrheit richtet das Geschaffene aus Liebe, die Satanswahrheit richtet es aus Neid und Haß. Gottes Wahrheit ist Fleisch geworden in der Welt, ist lebendig im Wirklichen, die Satanswahrheit ist der Tod alles Wirklichen.

Der Begriff der lebendigen Wahrheit ist gefährlich und erweckt den Verdacht, die Wahrheit könne und dürfe der jeweiligen Situation angepaßt werden, wobei sich dann der Begriff der

Wahrheit gänzlich auflöst und Lüge und Wahrheit einander ununterscheidbar naherücken. Auch könnte das, was über das notwendige Erkennen des Wirklichen gesagt wird, dahin mißverstanden werden, als sei von einer berechnenden oder pädagogischen Einstellung gegenüber dem anderen Menschen das Maß der Wahrheit abhängig, das ich ihm zu sagen bereit bin. Es ist wichtig, diese Gefahr im Auge zu behalten. Die Möglichkeit, ihr zu begegnen, kann jedoch in nichts anderem bestehen als eben in der aufmerksamen Erkenntnis der jeweiligen Inhalte und Grenzen, die das Wirkliche selbst der Aussage vorschreibt, um sie zu einer wahrheitsgemäßen zu machen. Niemals aber darf man um der Gefahren willen, die in dem Begriff der lebendigen Wahrheit liegen, diesen zugunsten des formalen, zynischen Wahrheitsbegriffes aufgeben.

Wir müssen versuchen, uns das anschaulich zu machen. Jedes Wort lebt und ist beheimatet in einem bestimmten Umkreis. Das Wort in der Familie ist ein anderes als das Wort im Büro oder in der Öffentlichkeit. Das Wort, das in der Wärme persönlicher Beziehung geboren ist, erfriert in der kalten Luft der Öffentlichkeit. Das Wort des Befehls, das aus dem öffentlichen Dienst kommt, würde in der Familie die Bande des Vertrauens zerschneiden. Jedes Wort soll seinen Ort haben und behalten. Es ist eine Folge des Überhandnehmens des öffentlichen Wortes in Zeitung und Rundfunk, daß Wesen und Grenzen der verschiedenen Worte nicht mehr klar empfunden werden, ja daß z. B. die Eigenart des persönlichen Wortes fast vernichtet wird. An die Stelle der echten Worte tritt das Geschwätz. Die Worte haben kein Gewicht mehr. Es wird zuviel geredet. Wenn aber die Grenzen der verschiedenen Worte sich verwischen, wenn die Worte wurzellos, heimatlos werden, dann verliert das Wort an Wahrheit, ja dann entsteht fast zwangsläufig die Lüge. Wenn die verschiedenen Ordnungen des Lebens sich nicht mehr gegenseitig achten, dann werden die Worte unwahr. Ein Beispiel: Ein Kind wird von seinem Lehrer vor der Klasse gefragt, ob es wahr sei, daß sein Vater oft betrunken nach Hause komme? Es ist wahr, aber das Kind verneint es. Es ist durch die Frage des Lehrers in eine Situation gebracht, der es noch nicht gewachsen ist. Es empfindet nur, daß hier ein unberechtigter Einbruch in die Ordnung der Familie erfolgt, den es abwehren muß. Was in der Familie vorgeht, gehört nicht vor die Ohren der Schulklasse. Die Familie hat ihr eigenes Geheimnis, das sie zu wahren hat. Der Lehrer hat die Wirklichkeit dieser Ordnung mißachtet. Das Kind müßte nun in seiner Antwort einen Weg finden, auf dem die Ordnung der Familie und der Schule in gleicher Weise gewahrt bliebe. Es kann das noch nicht, es fehlt ihm die Erfahrung, die Erkenntnis und die Fähigkeit des rechten Ausdrucks. Indem es die Frage des Lehrers einfach verneint, wird die Antwort zwar unwahr, aber sie gibt doch zugleich der Wahrheit Ausdruck, daß die Familie eine Ordnung sui generis ist, in die der Lehrer nicht berechtigt war, einzudringen. Man kann nun zwar die Antwort des Kindes eine Lüge nennen; trotzdem enthält diese Lüge mehr Wahrheit, d. h. sie ist der Wirklichkeit gemäßer, als wenn das Kind die Schwäche seines Vaters vor der Schulklasse preisgegeben hätte. Dem Maße seiner Erkenntnis nach hat das Kind richtig gehandelt. Die Schuld als Lüge fällt allein auf den Lehrer zurück. Ein erfahrener Mensch an der Stelle des Kindes hätte unter Zurechtweisung des Fragenden auch die formale Wahrheitswidrigkeit der Antwort vermeiden können und damit das „rechte Wort" in der Situation gefunden. Lügen von Kindern und von unerfahrenen Menschen überhaupt sind häufig darauf zurückzuführen, daß sie vor Situationen gestellt werden, die sie nicht zu übersehen vermögen. Es ist daher fraglich, ob es sinnvoll ist, den Begriff der Lüge, die als etwas schlechthin Verwerfliches verstanden wird und werden soll, so zu verallgemeinern und auszudehnen, daß er mit dem Begriff der formalen wahrheitswidrigen Aussage zusammenfällt. Ja, es zeigt sich schon hier, wie schwierig es ist, zu sagen, was Lüge eigentlich ist.

Die übliche Definition, dergemäß der bewußte Widerspruch zwischen Denken und Sagen Lüge sei, ist völlig unzulänglich. Hierunter würde z. B. der harmloseste Aprilscherz fallen. Der in der katholischen Moraltheologie begründete Begriff der „Scherzlüge" nimmt der Lüge das entscheidende Merkmal des Ernstes und der Bosheit (wie er umgekehrt dem Scherz das

entscheidende Merkmal des unschuldigen Spiels und der Freiheit nimmt) und ist darum denkbar unglücklich. Der Scherz hat mit der Lüge gar nichts zu tun und darf nicht mit ihr auf einen Nenner gebracht werden. Sagt man nun, Lüge sei die bewußte Täuschung des andern zu dessen Schaden, so würde hierunter z. B. auch die notwendige Täuschung des Gegners im Kriege oder in analogen Situationen fallen. (Kant hat freilich erklärt, er sei zu stolz, um jemals eine Unwahrheit zu sagen, und hat allerdings zugleich unfreiwillig diesen Satz ad absurdum geführt, indem er erklärte, er würde sich selbst einem Verbrecher gegenüber, der einen bei ihm sich verborgen haltenden Freund suche, zu wahrheitsgemäßer Auskunft verpflichtet fühlen.) Bezeichnet man ein derartiges Verhalten als Lüge, so empfängt die Lüge dadurch eine sittliche Weihe und Rechtfertigung, die ihrem Begriff in jeder Weise widerspricht. Daraus geht zunächst hervor, daß Lüge nicht formal durch den Widerspruch zwischen Denken und Sagen zu definieren ist. Dieser Widerspruch ist nicht einmal ein notwendiger Bestandteil der Lüge. Es gibt ein in dieser Hinsicht durchaus korrektes, unanfechtbares Reden, das doch Lüge ist; so etwa, wenn ein notorischer Lügner zur Irreführung einmal „die Wahrheit" sagt, oder wenn unter dem Schein der Korrektheit die bewußte Zweideutigkeit schlummert oder die entscheidende Wahrheit bewußt verdeckt bleibt. Auch ein bewußtes Verschweigen kann Lüge sein, so wenig es andererseits Lüge sein muß.
Diese Überlegungen führen zu der Erkenntnis, daß das Wesen der Lüge viel tiefer steckt als in dem Widerspruch zwischen Denken und Sagen. Man könnte sagen, der Mensch, der hinter dem Wort steht, macht dieses zur Lüge oder zur Wahrheit. Aber auch dies genügt nicht; denn Lüge ist etwas Objektives und muß dementsprechend bestimmt werden. Jesus bezeichnet den Satan als den „Vater der Lüge" (Joh. 8,44). Lüge ist zuerst die Leugnung Gottes, wie er sich der Welt bezeugt hat. „Wer ist ein Lügner, wenn nicht der, der leugnet, daß Jesus der Christus ist?" (1. Joh. 2,22). Lüge ist Widerspruch gegen das Wort Gottes, wie er es in Christus gesprochen hat und in dem die Schöpfung beruht. Lüge ist demzufolge die Verneinung, Leugnung und

wissentliche und willentliche Zerstörung der Wirklichkeit, wie sie von Gott geschaffen ist und in Gott besteht, und zwar soweit dies durch Worte und durch Schweigen geschieht. Unser Wort hat die Bestimmung, in der Einheit mit Gottes Wort das Wirkliche, wie es in Gott ist, auszusagen, und unser Schweigen soll das Zeichen sein für die Grenze, die dem Wort durch das Wirkliche, wie es in Gott ist, gezogen ist.

In dem Bemühen, das Wirkliche auszusagen, finden wir dieses nicht als ein einheitliches Ganzes, sondern in einem Zustand der Zerrissenheit und des Widerspruchs mit sich selbst vor, der der Versöhnung und Heilung bedarf. Wir finden uns in verschiedenen Ordnungen des Wirklichen zugleich eingebettet, und unser Wort, das sich um Versöhnung und Heilung des Wirklichen bemüht, wird doch immer wieder in die bestehende Entzweiung und in den Widerspruch mit hineingerissen, und es kann doch seine Bestimmung, das Wirkliche, wie es in Gott ist, auszusagen, nur erfüllen, indem es sowohl den bestehenden Widerspruch als auch den Zusammenhang des Wirklichen in sich aufnimmt. Das menschliche Wort, wenn es wahr sein soll, darf ebenso wenig den Sündenfall verleugnen wie das schöpferische und versöhnende Wort Gottes, in dem alle Entzweiung überwunden ist. Der Zyniker will sein Wort dadurch wahrmachen, daß er jeweils das einzelne, das er zu erkennen glaubt, unter Nichtbeachtung des Wirklichkeitsganzen ausspricht, und gerade dadurch zerstört er das Wirkliche völlig und sein Wort wird, auch wenn es den oberflächlichen Schein der Richtigkeit hat, unwahr. „Alles, was da ist, das ist ferne und ist sehr tief; wer will's finden?" (Pred. 7,24).

Wie wird mein Wort wahr?

1. Indem ich erkenne, wer mich zum Sprechen veranlaßt und was mich zum Sprechen berechtigt.
2. Indem ich den Ort erkenne, an dem ich stehe,
3. Indem ich den Gegenstand, über den ich etwas aussage, in diesen Zusammenhang stelle.

In diesen Bestimmungen ist... stillschweigend vorausgesetzt, daß das Sprechen überhaupt unter bestimmten Bedingungen steht; es begleitet nicht in fortwährendem Fluß den natürlichen

Lebenslauf, sondern es hat seinen Ort, seine Zeit, seinen Auftrag und damit seine Grenzen.

Sommer 1943. Ethik, 385–393

Gedanken zum Tauftag

von Dietrich Wilhelm Rüdiger Bethge

Mit Dir beginnt eine neue Generation in unserer Familie. Du wirst als ältester der Reihe einer neuen Generation vorangehen, und es wird der unvergleichliche Gewinn Deines Lebens sein, daß Du noch ein gutes Stück Deines Lebens mit der dritten und vierten Generation, die Dir voranging, zusammenleben darfst. Dein Urgroßvater wird Dir noch aus persönlicher Begegnung von Menschen erzählen können, die im 18. Jahrhundert geboren sind, und Du wirst einstmals weit nach dem Jahre 2000 Deinen Nachkommen die lebendige Brücke mündlicher Überlieferung von mehr als 250 Jahren sein – dies alles sub conditione Jacobea, das heißt, „so Gott will und wir leben". So gibt uns Deine Geburt besonderen Anlaß. über den Wechsel der Zeiten nachzudenken und den Versuch zu unternehmen, die Umrisse des Zukünftigen zu erkennen.

Die drei Namen, die Du trägst, weisen auf die drei Häuser, mit denen Dein Leben unlösbar verbunden ist und bleiben soll. Das Haus Deines Großvaters väterlicherseits war ein Dorfpfarrhaus. Einfachheit und Gesundheit, gesammeltes und vielseitiges geistiges Leben, Freude an den unscheinbaren Gütern des Lebens, natürliche und unbefangene Lebensgemeinschaft mit dem Volk und seiner Arbeit, die Fähigkeit, sich in den praktischen Dingen des Lebens selbst zu helfen, und die Bescheidenheit, die in innerer Zufriedenheit ihre Grundlage hat, sind die bleibenden irdischen Werte, die im Dorfpfarrhaus beheimatet waren und dieDir in deinem Vater begegnen werden. Sie werden Dir in allen Lebenslagen ein festes Fundament für das Zusammenleben mit den Menschen, für echte Leistung und für inneres Glück sein.

Die im Elternhaus Deiner Mutter verkörperte städtische Kultur alter bürgerlicher Tradition, die in ihren Trägern das stolze Bewußtsein der Berufung zu hoher allgemeiner Verantwortung, zu geistiger Höchstleistung und Führerschaft und die tiefverwurzelte Verpflichtung. Hüter eines großen geschichtlichen Erbes und geistiger Überlieferung zu sein, geschaffen hat, wird Dir, noch bevor Du es begreifst, eine Art zu denken und zu handeln geben, die Du nie mehr verlieren kannst, ohne Dir untreu zu werden.
Du sollst – nach einem freundlichen Gedanken Deiner Eltern – mit dem Namen eines Großonkels gerufen werden, der Pfarrer und ein guter Freund Deines Vaters ist und der zur Zeit das Geschick vieler anderer guter Deutscher und evangelischer Christen teilt und darum nur aus der Ferne die Hochzeit Deiner Eltern, Deine Geburt und Taufe miterleben kann, der aber mit großer Zuversicht und frohen Hoffnungen in Deine Zukunft blickt. Er ist bemüht, sich überall in dem Geist zu bewähren – so wie er ihn versteht –, den er im Hause seiner Eltern, Deiner Urgroßeltern, verkörpert sieht. Er nimmt es für ein gutes Zeichen Deiner Zukunft, daß Deine Eltern sich in diesem Hause kennen lernten und er wünscht Dir, daß Du einmal später mit Bewußtsein und Dankbarkeit die Kraft, die im Geiste dieses Hauses liegt, in Dich aufnimmst.
Bis Du groß bist, wird das alte Dorfpfarrhaus ebenso wie das alte Burgerhaus eine versunkene Welt sein. Aber der alte Geist wird sich nach den Zeiten seiner Verkennung und seiner tatsächlichen Schwäche und nach einer Zeit der Zurückgezogenheit und inneren Neubesinnung, der Bewährung und Gesundung neue Formen schaffen. Die tiefe Verwurzelung in dem Boden der Vergangenheit macht das Leben schwerer, aber auch reicher und kraftvoller. Es gibt menschliche Grundwahrheiten, zu denen das Leben früher oder später immer wieder zurückkehrt. Darum dürfen wir keine Eile haben, wir müssen warten können. „Gott sucht wieder auf, was vergangen ist“, heißt es in der Bibel (Pred. 3,15).

Es wird in den kommenden Jahren der Umwälzungen das größte Geschenk sein, sich in einem guten Elternhaus geborgen zu

wissen. Es wird der feste Schutzwall sein gegen alle äußeren und inneren Gefahren. Die Zeiten, in denen sich Kinder im Übermut von ihren Eltern lösten, werden vorüber sein. Es wird die Kinder in die Obhut ihrer Eltern ziehen. In ihrem Elternhaus werden sie Zuflucht, Rat, Stille und Klärung suchen. Du bist glücklich, Eltern zu haben, die aus eigener Erfahrung wissen, was ein Elternhaus in stürmischen Zeiten bedeutet. In der allgemeinen Verarmung des geistigen Lebens wirst Du in Deinem Elternhaus einen Hort geistiger Werte und eine Quelle geistiger Anregungen finden. Die Musik, wie Deine Eltern sie auffassen und pflegen, wird Dir in der Verwirrung zur Klarheit und Reinheit Deines Wesens und der Empfindungen verhelfen und in Sorgen und Traurigkeit den Grundton der Freude in Dir wach halten. Deine Eltern werden Dich früh dazu anleiten, Dir mit eigenen Händen selbst zu helfen und keinen Handgriff gering zu achten. Die Gabe Deiner Eltern, sich unbeabsichtigt [unsichere Lesart] das Wohlwollen der Menschen zu erwerben, wird Dir viele Freunde und Helfer eintragen. Die Frömmigkeit Deines Elternhauses wird keine laute und wortreiche sein. Aber sie werden Dich lehren, zu beten und Gott über alles zu fürchten und zu lieben und den Willen Jesu Christi gern zu tun. „Mein Kind, bewahre die Gebote deines Vaters und laß nicht fahren das Wort deiner Mutter. Binde sie zusammen auf deinem Herzen allewege: Wenn du gehst, daß sie dich geleiten; wenn du dich legst, daß sie dich bewahren; wenn du wachst, daß sie zu dir sprechen“ (Spr. 6,20 f). „Heute ist diesem Haus Heil widerfahren“ (Luk. 19,9).
Ich würde Dir wünschen, auf dem Lande aufwachsen zu können. Aber es wird nicht mehr das Land sein, auf dem Dein Vater groß geworden ist. Die Großstädte, von denen die Menschen sich alle Fülle des Lebens und des Genusses erwarteten und in denen sie wie zu einem Fest zusammenströmten, haben den Tod und das Sterben mit allen erdenklichen Schrecken auf sich gezogen und wie auf der Flucht haben Frauen und Kinder diese Orte des Grauens verlassen. Die Zeit der Großstädte auf unserem Kontinent scheint nun abgelaufen zu sein. Nach biblischer Aussage ist Kain der Gründer der Großstädte gewesen. Es mag sein, daß es noch einige Weltmetropolen geben wird, aber ihr

Glanz, so verführerisch er sein mag, wird jedenfalls für den europäischen Menschen etwas Unheimliches behalten. Der große Auszug aus den Städten bedeutet andererseits eine völlige Veränderung für das Land. Die Stille und Abgeschiedenheit des ländlichen Lebens war schon durch Radio, Auto und Telefon und durch die Organisierung fast aller Lebensbereiche stark beeinträchtigt. Wenn nun Millionen von Menschen, die von der Rastlosigkeit und den Ansprüchen des großstädtischen Lebens nicht mehr lassen können, auf das Land ziehen, wenn ganze Industrien in ländliche Bezirke verlegt werden, dann wird die Verstädterung des Landes rasch fortschreiten und die Struktur des ländlichen Lebens grundlegend verändern. Das Dorf, das es noch vor 30 Jahren gab, gibt es ebenso wenig mehr wie die idyllische Südsee-Insel. Trotz des Verlangens der Menschen nach Einsamkeit und Stille wird es schwer sein, diese zu finden. Dennoch wird es ein Gewinn sein, in diesem Zeitenwandel ein Stück Erdboden unter den Füßen zu haben und aus ihm die Kräfte zu einem neuen, natürlichen, anspruchslosen und zufriedenen Tagewerk und Feierabend zu ziehen. „Es ist ein großer Gewinn, wer fromm ist und lässet sich genügen; wenn wir aber Kleidung und Nahrung haben, so lasset uns genügen" (1. Tim. 6,6; 8). „Armut und Reichtum gib mir nicht, laß mich aber mein beschieden Teil Speise dahinnehmen. Ich möchte sonst, so ich zu satt würde, verleugnen und sagen: Wer ist der Herr? Oder wo ich zu arm würde, möchte ich stehlen und mich an dem Namen meines Gottes vergreifen" (Spr. 30,8 f). „Fliehet aus Babel, sie will nicht heil werden. Laßt sie fahren und laßt uns ein jeglicher in sein Land ziehen" (Jer. 51,6 ff).

Wir sind aufgewachsen in der Erfahrung unserer Eltern und Großeltern, der Mensch könne und müsse sein Leben selbst planen, aufbauen und gestalten, es gebe ein Lebenswerk, zu dem der Mensch sich zu entschließen und das er dann mit ganzer Kraft auszuführen habe und auch vermöge. Es ist aber unsere Erfahrung geworden, daß wir nicht einmal für den kommenden Tag zu planen vermögen, daß das Aufgebaute über Nacht zerstört wird und unser Leben im Unterschied zu dem unserer

Eltern gestaltlos oder doch fragmentarisch geworden ist. Ich kann trotzdem nur sagen, daß ich nicht in einer anderen Zeit leben wollte als in der unseren, auch wenn sie über unser äußeres Glück hinwegschreitet. Deutlicher als in anderen Zeiten erkennen wir, daß die Welt in den zornigen und gnädigen Händen Gottes ist. Bei Jeremia heißt es: „So spricht der Herr: Siehe, was ich gebaut habe, das breche ich ab, und was ich gepflanzt habe, das reute ich aus. Und du begehrst dir große Dinge? Begehre es nicht! Denn siehe, ich will Unglück kommen lassen über alles Fleisch. Aber deine Seele will ich dir zur Beute geben, wohin du ziehst“ (c. 45). Wenn wir aus dem Zusammenbruch der Lebensgüter unsere lebendige Seele unversehrt davontragen, dann wollen wir uns damit zufriedengeben. Wenn der Schöpfer selbst sein Werk zerstört, dürfen wir dann über die Zerstörung unserer Werke murren? Es wird nicht die Aufgabe unserer Generation sein, noch einmal „große Dinge zu begehren“, sondern unsere Seele aus dem Chaos zu retten und zu bewahren und in ihr das einzige zu erkennen, das wir wie eine „Beute“ aus dem brennenden Hause tragen. „Behüte dein Herz mit allem Fleiß, denn daraus geht das Leben“ (Spr. 4,23). Wir werden unser Leben mehr zu tragen als zu gestalten haben; wir werden mehr hoffen als planen, mehr ausharren als voranschreiten. Aber wir wollen Euch Jüngeren, der neu geborenen Generation, die Seele bewahren, aus deren Kraft Ihr ein neues und besseres Leben planen, aufbauen und gestalten sollt.

Wir haben zu stark in Gedanken gelebt und gemeint, es sei möglich, jede Tat vorher durch das Bedenken aller Möglichkeiten so zu sichern, daß sie dann ganz von selbst geschieht. Erst zu spät haben wir gelernt, daß nicht der Gedanke, sondern die Verantwortungsbereitschaft der Ursprung der Tat ist. Denken und Handeln wird für euch in ein neues Verhältnis treten. Ihr werdet nur denken, was ihr handelnd zu verantworten habt. Bei uns war das Denken vielfach der Luxus des Zuschauers, bei euch wird es ganz im Dienste des Tuns stehen. „Es werden nicht alle, die zu mir sagen: Herr, Herr! in das Himmelreich kommen, sondern die den Willen tun meines Vaters im Himmel“, sagte Jesus (Matth. 7,21).

Der Schmerz ist dem größten Teil unseres Lebens fremd gewesen. Möglichste Schmerzlosigkeit war einer der unbewußten Leitsätze unseres Lebens. Differenziertes Empfinden und intensives Erleben des eigenen und des fremden Schmerzes sind die Stärke und zugleich die Schwäche unserer Lebensform. Eure Generation wird von früh auf durch das Ertragen von Entbehrungen und Schmerzen und schwerer Geduldsproben härter und lebensnäher sein! „Es ist ein köstlich Ding einem Manne, daß er das Joch in seiner Jugend trage“ (Klgl. 3,27).
Wir glaubten, daß wir uns durch Vernunft und Recht im Leben durchsetzen, und wo beides versagte, sahen wir uns am Ende unserer Möglichkeiten. Wir haben die Bedeutung des Vernünftigen und Gerechten auch im Geschichtsablauf immer wieder überschätzt. Ihr, die ihr in einem Weltkrieg aufwachst, den 90 Prozent aller Menschen nicht wollen und für den sie doch Gut und Leben lassen, erfahrt von Kind auf, daß Mächte die Welt bestimmen, gegen die die Vernunft nichts ausrichtet. Ihr werdet euch daher mit diesen Mächten nüchterner und erfolgreicher auseinandersetzen. In unserem Leben war der „Feind“ eigentlich keine Realität. Ihr wißt, daß ihr Feinde und Freunde habt und was ein Feind und was ein Freund im Leben bedeutet. Ihr lernt von klein auf die uns fremden Formen des Kampfes gegen den Feind ebenso wie das bedingungslose Vertrauen zum Freund. „Muß nicht der Mensch immer im Streit sein auf Erden?“ (Hiob 7,1). „Gelobt sei der Herr, mein Hort, der meine Hände lehrt streiten und meine Fäuste kriegen, meine Güte und meine Burg, mein Schutz und mein Erretter, mein Schild, auf den ich traue“ (Ps. 144,1). „Ein treuer Freund liebt mehr und steht fester bei als ein Bruder“ (Spr. 18,24).
Gehen wir einer Zeit der kolossalen Organisationen und Kollektivgebilde entgegen oder wird [sich] das Verlangen unzähliger Menschen nach kleinen, übersehbaren, persönlichen Verhältnissen erfüllen? Muß sich beides ausschließen? Wäre es nicht denkbar, daß gerade die Weltorganisationen in ihrer Weitmaschigkeit mehr Raum für das persönliche Leben hergeben? Ähnlich steht es mit der Frage, ob wir einer Zeit der Auslese der Besten, also einer aristokratischen Ordnung entgegengehen oder

einer Gleichförmigkeit aller äußeren und inneren Lebensbedingungen der Menschen. Mitten in einer sehr weit gehenden Angleichung der materiellen und ideellen Lebensbedingungen unter den Menschen könnte das heute quer durch alle sozialen Schichten hindurch gehende Qualitätsgefühl für die menschlichen Werte der Gerechtigkeit, der Leistung und der Tapferkeit eine neue Auslese von solchen schaffen, denen auch das Recht auf starke Führung zugebilligt wird. Auf unsere Privilegien werden wir gelassen und in der Erkenntnis einer geschichtlichen Gerechtigkeit verzichten können. Es mögen Ereignisse und Verhältnisse eintreten, die über unsere Wünsche und Rechte hinweggehen. Dann werden wir uns nicht in verbittertem und unfruchtbarem Stolz, sondern in bewußter Beugung unter ein göttliches Gericht und in weitherziger und selbstloser Teilnahme am Ganzen und an den Leiden unserer Mitmenschen als lebensstark erweisen. „Denn welches Volk seinen Hals ergibt unter das Joch des Königs zu Babel, das will ich in seinem Lande lassen, daß es dasselbe baue und bewohne, spricht der Herr" (Jer. 27,11). „Suchet der Stadt Bestes und betet für sie zum Herrn" (Jer. 29,7). „Gehe hin, mein Volk, in deine Kammer und schließe die Tür nach dir zu; verbirg dich einen kleinen Augenblick, bis der Zorn vorübergeht" (Jes. 26,20). „Denn sein Zorn währt einen Augenblick und lebenslang seine Gnade; den Abend lang währt das Weinen, aber des Morgens ist Freude" (Ps. 30,6).

Du wirst heute zum Christen getauft. Alle die alten großen Worte der christlichen Verkündigung werden über Dir ausgesprochen und der Taufbefehl Jesu Christi wird an Dir vollzogen, ohne daß Du etwas davon begreifst. Aber auch wir selbst sind wieder ganz auf die Anfänge des Verstehens zurückgeworfen. Was Versöhnung und Erlösung, was Wiedergeburt und Heiliger Geist, was Feindesliebe, Kreuz und Auferstehung, was Leben in Christus und Nachfolge Christi heißt, das alles ist so schwer und so fern, daß wir es kaum mehr wagen, davon zu sprechen. In den überlieferten Worten und Handlungen ahnen wir etwas ganz Neues und Umwälzendes, ohne es noch fassen und aussprechen zu können. Das ist unsere eigene Schuld. Unsere Kirche, die in diesen Jahren nur um ihre Selbsterhaltung gekämpft hat, als wäre sie ein Selbstzweck, ist unfähig, Träger des versöhnenden und erlösenden Wortes für die Menschen und für die Welt zu sein. Darum müssen die früheren Worte kraftlos werden und verstummen und unser Christsein wird heute nur in zweierlei bestehen: Im Beten und im Tun des Gerechten unter den Menschen. Alles Denken, Reden und Organisieren in den Dingen des Christentums muß neu geboren werden aus diesem Beten und aus diesem Tun.

Bis Du groß bist, wird sich die Gestalt der Kirche sehr verändert haben. Die Umschmelzung ist noch nicht zu Ende und jeder Versuch, ihr vorzeitig zu neuer organisatorischer Machtentfaltung zu verhelfen, wird nur eine Verzögerung ihrer Umkehr und Läuterung sein. Es ist nicht unsere Sache, den Tag vorauszusagen – aber der Tag wird kommen –, an dem wieder Menschen berufen werden, das Wort Gottes so auszusprechen, daß sich die Welt darunter verändert und erneuert. Es wird eine neue Sprache sein, vielleicht ganz unreligiös, aber befreiend und erlösend wie die Sprache Jesu, daß sich die Menschen über sie entsetzen und doch von ihrer Gewalt überwunden werden, die Sprache einer neuen Gerechtigkeit und Wahrheit, die Sprache, die den Frieden Gottes mit den Menschen und das Nahen seines Reiches verkündigt. „Und sie werden sich verwundern und entsetzen über all dem Guten und über all den Frieden, den ich ihnen geben will" (Jer. 33,9). Bis dahin wird die Sache der Christen eine stille und verborgene sein; aber es wird Menschen geben, die beten und das Gerechte tun und auf Gottes Zeit warten. Möchtest Du zu ihnen gehören und möchte es einmal von Dir heißen: „Des Gerechten Pfad glänzt wie das Licht, das immer heller leuchtet bis auf den vollen Tag" (Spr. 4,18).

Mai 1944. Widerstand und Ergebung, 321–328

III. Leiden

Hinführung

„Große Programme führen uns immer nur dorthin, wo wir selbst sind; wir aber sollten uns nur dort finden lassen, wo Er ist. Wir können ja nirgends anders mehr sein, als wo Er ist. Oder bin ich doch dem Ort ausgewichen, an dem Er ist? An dem Er für mich ist?" So lesen wir unter dem Datum des 9.6.1939 im „Tagebuch der Amerikareise", das uns wie kein anderes Dokument aus Bonhoeffers Hand Einblick in einen Entscheidungsprozeß gewährt, wohl in den folgenschwersten aus seinem ganzen Leben. Gerade erst hat er Deutschland angesichts des bevorstehenden Krieges verlassen. Ökumenische Freunde aus der westlichen Welt hatten ihn, um ihn den zu erwartenden Verwicklungen im Reiche Hitlers zu entziehen, nach Amerika eingeladen und ihm dort eine Fülle von theologischen und kirchlichen Aufgaben bereitgestellt. Er ist noch keine zwei Tage auf dem Atlantik, da beginnen die Zweifel an der Richtigkeit seiner Entscheidung. In den Begegnungen mit Freunden und neuen Auftraggebern in den U.S.A. verstärken sie sich von Tag zu Tag. Am Ende steht fest, daß er unbedingt nach Deutschland zurück muß. Eine der letzten Eintragungen aus dem Tagebuch: „Ich habe vielleicht mehr gelernt in diesem Monat als in dem ganzen Jahr vor neun Jahren. Mindestens habe ich für alle künftigen persönlichen Entscheidungen Wichtiges eingesehen. Wahrscheinlich wird sich diese Reise sehr bei mir auswirken."
Was mag er gelernt haben? Von dem Kreuz Christi hatte er immer schon viel gewußt, weil er es liebte. Auch von Nachfolge und daß zur Nachfolge das Kreuz im eigenen Leben gehört. Und bereits im Januar 1934 hatte er in London jene prophetisch zu nennende Predigt über Jeremia 20,7 gehalten, in der er – ohne es ahnen zu können – sein ganzes späteres Leben, besonders seinen Tod vorwegnahm. Aber jetzt war etwas Neues hinzugekommen. Er hatte zu lernen, daß man sich den Ort der Gegenwart Christi nicht beliebig aussuchen, daß man ihm besten Glaubens aus dem Wege gehen kann. Plötzlich weiß er, daß Christus für

ihn jedenfalls nicht am sicheren Ort ökumenischer Gemeinschaft in den U.S.A. zu haben sein wird. Nachfolge ruft ihn zurück in die Solidarität mit seiner in so großer Verwirrung zurückgelassenen Bekennenden Kirche, mit seinem schuldig gewordenen Volk und vor allem an die Seite derer, die inmitten der in Deutschland sich ausweitenden, bald auch andere Völker in Mitleidenschaft ziehenden Verbrechen einen Damm gegen das Chaos zu errichten entschlossen sind. Es gibt eine Fülle von Belegen dafür, daß Bonhoeffer so und nicht anders seine vordringliche Aufgabe in einem Deutschland des Krieges gesehen hat. Und daß er sich keinerlei Illusionen über Gefährdungen und Leiden machte, die auf diesem Wege auf ihn zukommen würden. Und vor allem, daß auf gerade diesem Weg Christus mit ganz neuen Erkenntnissen auf ihn wartet.

Die Fülle dieser neuen Erkenntnisse kann hier kaum angedeutet werden. Sie erklärt die Faszination, die von den Briefen aus dem Gefängnis bis zur Stunde immer wieder in aller Welt ausgeht: Die Weite der Herrschaft Christi, die Bereiche umfaßt, die man ihm traditionellerweise entzogen wähnt; die vorurteilsfreie Analyse der immer autonomer, religionsloser werdenden Welt; Erwägungen zu der Frage, wie die religionslos Gewordenen in Jesus, dem „Menschen für andere", ihren Bruder, ihren Befreier aus vielerei Gebundenheiten erkennen können; die tiefe Diesseitigkeit des christlichen Glaubens; die Beschreibung des Christseins als Teilnahme am Handeln und Leiden Gottes und Jesu Christi in der Welt. All dies finden wir am bewegendsten zusammengefaßt in dem Brief, den Bonhoeffer am 21. Juli 1944 schrieb, am Tage nach dem gescheiterten Attentat auf Hitler, als er mit seinem unmittelbar bevorstehenden Tod rechnen mußte. Einer der letzten Sätze dieses Briefes lautet: „Ich bin dankbar, daß ich das (alles) habe erkennen dürfen, und ich weiß, daß ich es nur auf dem Wege habe erkennen können, den ich nun einmal gegangen bin. Darum denke ich dankbar und friedlich an Vergangenes und Gegenwärtiges."

O. D.

Konnten wir wissen, daß deine Liebe so weh tut?

> Jer. 20,7: Herr, Du hast mich überredet und ich habe mich überreden lassen. Du bist mir zu stark gewesen und hast gewonnen.

Jeremia hat sich nicht dazu gedrängt, Prophet Gottes zu werden. Er ist zurückgeschaudert, als ihn plötzlich der Ruf traf; er hat sich gewehrt, er wollte ausweichen – nein, er wollte dieses Gottes Prophet und Zeuge nicht sein. Aber auf der Flucht packt ihn, ergreift ihn das Wort, der Ruf; er kann sich nicht mehr entziehen, es ist um ihn geschehen, Gott hat sein Opfer; oder wie es einmal heißt, der Pfeil des allmächtigen Gottes hat das gehetzte Wild. Jeremia ist sein Prophet.

Von außen her kommt es über den Menschen, nicht aus der Sehnsucht seines Herzens, nicht aus seinen verborgensten Wünschen und Hoffnungen steigt es herauf; das Wort, das den Menschen stellt, packt, gefangen nimmt, bindet, kommt nicht aus den Tiefen unserer Seele, sondern es ist das fremde, unbekannte, unerwartete, gewalttätige, überwältigende Wort des Herrn, der in seinen Dienst ruft, wen und wann er will. Da hilft kein Widerstreben, sondern da heißt Gottes Antwort: Ich kannte dich, ehe ich dich im Mutterleib bereitete, du bist mein. Fürchte dich nicht! Ich bin dein Gott, der dich hält.

Und dann ist dies fremde, ferne, unbekannte, gewalttätige Wort auf einmal das uns schon so unheimlich wohlbekannte, unheimlich nahe, überredende, betörende, verführende Wort der Liebe des Herrn, den es nach seinem Geschöpf verlangt. Dem Menschen ist ein Lasso über den Kopf geworfen und nun kommt er nicht mehr los; versucht er zu widerstreben, so spürt er erst recht, wie unmöglich das ist; denn das Lasso zieht sich immer enger und schmerzhafter zusammen und erinnert ihn daran, daß er ein Gefangener ist. Er ist Gefangener, er muß folgen. Der Weg ist vorgeschrieben. Es ist der Weg des Menschen, den Gott nicht mehr los läßt, der Gott nicht mehr los wird; das heißt aber auch der Weg des Menschen, der nie mehr – im Guten oder Bösen – gott-los wird.

Und dieser Weg führt mitten in die tiefste menschliche Schwachheit hinein. Ein verlachter, verachteter, für verrückt erklärter, aber für Ruhe und Frieden der Menschen ebenso gefährlicher Narr –, den man schlägt, einsperrt, foltert und am liebsten gleich umbringt, das ist dieser Jeremia, eben weil er Gott nicht mehr los werden kann. Phantast, Sturkopf, Friedensstörer, Volksfeind hat man ihn gescholten, hat man zu allen Zeiten bis heute die gescholten, die von Gott besessen und gefaßt waren, denen Gott zu stark geworden war. Wie gern hätte Jeremia anders geredet, wie gern hätte er mit den anderen Friede und Heil geschrien, wo doch Unfriede und Unheil war; wie gern hätte er geschwiegen, den anderen recht gegeben – aber er konnte einfach nicht, es lag wie ein Zwang, wie ein Druck auf ihm; es war, als säße ihm einer im Nacken und triebe ihn von einer Wahrheit zur anderen, von einem Leiden zum anderen. Er war nicht mehr sein eigener Herr, er war seiner selbst nicht mehr mächtig; ein anderer war seiner mächtig geworden, ein anderer besaß ihn, von einem anderen war er besessen. Und Jeremia war von unserem Fleisch und Blut, er war ein Mensch wie wir. Er leidet unter den dauernden Erniedrigungen, dem Spott, der Gewalt, der Brutalität der anderen, und so bricht er denn nach einer qualvollen Folterung, die eine ganze Nacht gewährt hatte, in dieses Gebet aus: „Herr, du hast mich überredet und ich habe mich überreden lassen. Du bist mir zu stark geworden und hast gewonnen."

Gott, du hast es mit mir angefangen. Du hast mir nachgestellt, hast mich nicht loslassen wollen, bist mir immer wieder hier und dort plötzlich in den Weg getreten, hast mich verlockt und betört, hast dir mein Herz gefügig und willig gemacht, hast zu mir geredet von deiner Sehnsucht und ewigen Liebe, von deiner Treue und Stärke; als ich Kraft suchte, stärktest du mich; als ich Halt suchte, hieltest du mich; als ich Vergebung suchte, vergabst du mir die Schuld. Ich hatte nicht gewollt, aber du überwandest meinen Willen, meinen Widerstand, mein Herz; Gott, du verführtest mich unwiderstehlich, daß ich mich dir hingab. Herr, du hast mich überredet und ich habe mich überreden lassen. Wie einen Ahnungslosen hast du mich gefaßt – und nun kann ich nicht mehr von dir los, nun schleppst du mich davon als deine Beute, bindest uns an deinen Siegeswagen und schleifst uns hinter dir her, daß wir geschunden und zermartert an deinem Triumphzug teilnehmen. Konnten wir es wissen, daß deine Liebe so weh tut, daß deine Gnade so hart ist? Du bist mir zu stark geworden und hast gewonnen. Als der Gedanke an dich in mir stark wurde, da wurde ich schwach. Als du über mich gewannst, da war ich verloren; da war mein Wille gebrochen, da war meine Kraft zu gering, da mußte ich den Weg des Leidens gehen; da konnte ich dir nicht mehr widerstreben, da konnte ich nicht mehr zurück, da war die Entscheidung über mein Leben gefallen. Nicht ich habe entschieden, du hast entschieden. Du hast mich an dich gebunden, auf Gedeih und Verderb. Gott, warum bist du uns so furchtbar nahe?...

Von Gott nicht mehr loskommen können, das ist die beklemmende Beunruhigung jedes christlichen Lebens. Wer sich einmal auf ihn einließ, wer sich einmal von ihm überreden ließ, der kommt nicht mehr los. Wie ein Kind nicht loskommt von seiner Mutter, wie ein Mann nicht mehr loskommt von der Frau, die er liebt. Zu wem er einmal geredet hat, der kann ihn nicht mehr ganz vergessen, den begleitet er immerfort, im Guten und im Bösen; den verfolgt er, wie der Schatten den Menschen. Und diese dauernde Nähe Gottes wird dem Menschen zuviel, zu groß, geht ihm über seine Kraft und er denkt wohl manchmal: O hätte ich es nie mit Gott angefangen. Es ist zu schwer für mich, es zerstört mir den Frieden meiner Seele und mein Glück. Aber das nützt ihm alles nichts mehr. Er kann nicht mehr los; und nun muß er hindurch – mit Gott –, es komme was da wolle. Und wenn er meint, er könne es nicht mehr ertragen, er müsse sich selbst ein Ende machen – dann weiß er doch auch wieder, daß er auch so nicht mehr loskommt von dem Gott, auf den er sich einließ, von dem er sich hat überwinden lassen; er bleibt sein Opfer, in seinen Händen.

Aber eben hier, wo einer meint, den Weg mit Gott nicht mehr länger gehen zu können, weil er zu schwer ist – und solche Stunden kommen über jeden zu seiner Zeit –, wo uns Gott zu stark geworden ist – wo ein Christ unter Gott zusammenbricht und verzagt –, da wird uns Gottes Nähe, Gottes Treue, Gottes

Stärke zum Trost und zur Hilfe, da erst erkennen wir Gott und den Sinn unseres christlichen Lebens recht. Von Gott nicht mehr loskommen das bedeutet viel Angst, viel Verzagtheit, viel Trübsal, aber bedeutet doch auch im Guten und im Bösen nie mehr gott-los sein können. Es bedeutet Gott mit uns auf allen unseren Wegen, im Glauben und in der Sünde, in Verfolgung, Verspottung und Tod. Was liegt an uns, an unserem Leben, an unserem Glück, an unserem Frieden, an unserer Schwachheit, an unserer Sünde? Wenn nun das Wort, der Wille und die Kraft Gottes an unserem schwachen, sterblichen, sündigen Leben verherrlicht wird, wenn nur unsere Schwachheit ein Gefäß der göttlichen Macht ist. Gefangene tragen keine stolzen Kleider, sondern Ketten. Aber diese Ketten verherrlichen den, der als der Sieger durch die Welt und die Menschheit zieht. Unsere Ketten und die Fetzen unserer Kleider und die Narben, die wir tragen müssen, sind der Lobgesang auf ihn, der die Wahrheit und die Liebe und die Gnade an uns verherrlicht. Der Siegeszug der Wahrheit und der Gerechtigkeit, der Siegeszug Gottes und seines Evangeliums durch diese Welt schleift hinter dem Siegeswagen die Gebundenen und Gefangenen hinter sich her.
Daß er uns endlich an seinen Siegeswagen bände, daß wir doch, wenn auch gebunden und geschunden, an seinem Siege teil hätten! Er hat uns überredet, er ist uns zu stark geworden, er läßt uns nicht mehr los. Was kümmern uns die Fesseln und die Wunden, was kümmert uns Sünde und Leiden und Tod? Er hält uns fest. Er läßt uns nicht mehr. Herr, überrede uns immer neu und werde stark über uns, damit wir dir allein glauben, leben und sterben, damit wir deinen Sieg schauen.

21. 1. 1934. Predigten I, 425–430

Die Seligpreisungen

„Selig sind, die da geistlich arm sind, denn das Himmelreich ist ihr." Mangel haben die Jünger an allen Stücken. Sie sind schlechthin „arm" (Luk. 6,20). Keine Sicherheit, kein Besitz,

den sie ihr eigen nennen könnten, kein Stück Erde, das sie ihre Heimat nennen dürften, keine irdische Gemeinschaft, der sie ganz gehören dürften. Aber auch keine eigene geistliche Kraft, Erfahrung, Erkenntnis, auf die sie sich berufen, deren sie sich getrösten könnten. Um seinetwillen haben sie das alles verloren. Als sie ihm nachfolgten, da verloren sie ja sich selbst und damit auch alles, was sie noch reich machen konnte. Nun sind sie arm, so unerfahren, so töricht, daß sie auf nichts mehr hoffen können als auf den, der sie gerufen hat. Jesus kennt ja auch jene anderen, die Vertreter und Prediger der Volksreligion, diese Mächtigen, Angesehenen, die fest gegründet auf der Erde stehen, in Volkstum, Zeitgeist, Volksfrömmigkeit unlösbar verwurzelt. Aber nicht zu ihnen, sondern allein zu seinen Jüngern sagt er: Selig, – denn das Himmelreich ist ihr. Über ihnen, die um Jesu willen schlechthin in *Verzicht und Mangel* leben, bricht das Himmelreich an. Sie sind mitten in der Armut Erben des himmlischen Reiches. Sie haben ihren Schatz tief in der Verborgenheit, sie haben ihn am Kreuz. Das Himmelreich ist ihnen verheißen in sichtbarer Herrlichkeit und es ist ihnen auch schon geschenkt in der vollkommenen Armut des Kreuzes.
Hier unterscheidet sich Jesu Seligpreisung gänzlich von ihrer Karikatur in der Gestalt politisch-sozialer Programmatik. Auch der Antichrist preist die Armen selig, aber er tut es nicht um des Kreuzes willen, in dem alle Armut beschlossen und selig ist, sondern gerade um der Abwehr des Kreuzes willen durch politisch-soziale Ideologie. Er mag diese Ideologie christlich nennen und wird doch gerade darin zum Feind Christi.
„Selig sind die Leidtragenden, denn sie sollen getröstet werden." Mit jeder weiteren Seligpreisung vertieft sich die Kluft zwischen den Jüngern und dem Volk. Immer sichtbarer wird die Jüngerschaft herausgerufen. Die Leidtragenden sind ja die, die im *Verzicht* auf das, was die Welt Glück und Frieden nennt, zu leben bereit sind, die mit der Welt nicht auf einen Ton gestimmt werden können, die sich der Welt nicht gleichstellen können. Sie tragen Leid über die Welt, ihre Schuld, ihr Schicksal und ihr Glück. Die Welt feiert und sie stehen abseits; die Welt schreit: freut euch des Lebens, und sie trauern. Sie sehen, daß das Schiff,

auf dem festlicher Jubel ist, schon leck ist. Die Welt phantasiert von Fortschritt, Kraft, Zukunft, die Jünger wissen um das Ende, das Gericht und die Ankunft des Himmelreiches, für das die Welt so gar nicht geschickt ist. Darum sind die Jünger Fremdlinge in der Welt, lästige Gäste, Friedensstörer, die verworfen werden. Warum muß die Gemeinde Jesu bei so viel Festen des Volkes, in dem sie lebt, draußen stehen? Ob sie ihre Mitmenschen nicht mehr versteht? Ob sie dem Menschenhaß und der Menschenverachtung verfallen ist? Keiner versteht seine Mitmenschen besser als die Gemeinde Jesu. Keiner liebt die Mitmenschen mehr als die Jünger Jesu – eben darum stehen sie draußen, eben darum tragen sie Leid. Es ist bedeutungsvoll und schön, daß Luther das griechische Wort hier mit Leid-Tragen übersetzt. Aufs Tragen nämlich kommt es an. Die Jüngergemeinde schüttelt das Leid nicht ab, als hätte sie nichts damit zu schaffen, sondern sie trägt es. Eben darin ist ihre Verbundenheit mit den Mitmenschen bekundet. Zugleich ist damit gesagt, daß sie das Leid nicht willkürlich sucht, daß sie nicht in eigenwilliger Weltverachtung sich entzieht, sondern trägt, was ihr auferlegt ist und was auf sie fällt um Jesu Christi willen in der Nachfolge. Schließlich aber werden die Jünger von dem Leid auch nicht mürbe gemacht, zerrieben und bitter, so daß sie daran zerbrechen. Sie tragen es vielmehr in der Kraft dessen, der sie trägt. Die Jünger tragen das ihnen auferlegte Leid allein in der Kraft dessen, der am Kreuz alles Leid trägt. Sie stehen als Leidtragende in der Gemeinschaft des Gekreuzigten. Sie stehen als Fremdlinge in der Kraft dessen, der der Welt so fremd war, daß sie ihn kreuzigte. Dies ist ihr Trost, vielmehr dieser ist ihr Trost, ihr Tröster (vgl. Luk. 2,25). Die Fremdlingsgemeinde wird getröstet im Kreuz, sie wird getröstet darin, daß sie an den Ort gestoßen wird, an dem der Tröster Israels auf sie wartet. So findet sie ihre wahre Heimat bei dem gekreuzigten Herrn, hier und in Ewigkeit.

„Selig sind die Sanftmütigen, denn sie werden das Erdreich besitzen." Kein eigenes Recht schützt diese Fremdlingsgemeinde in der Welt. Sie beanspruchen es auch nicht, denn das sind die Sanftmütigen, die in *Verzicht auf jedes eigene Recht* leben um Jesu Christi willen. Schilt man sie, so sind sie still, tut man ihnen Gewalt, so dulden sie es, stößt man sie weg, so weichen sie. Sie prozessieren nicht um ihr Recht, sie machen kein Aufsehen, wenn ihnen Unrecht geschieht. Sie wollen kein eigenes Recht. Sie wollen alles Recht Gott allein lassen; non cupidi vindictae, lautet die altkirchliche Auslegung. Was ihrem Herrn Recht ist, das soll ihnen auch Recht sein. Nur das. In jedem Wort, in jeder Gebärde wird es offenbar, daß sie nicht auf diese Erde gehören. Laßt ihnen den Himmel, sagt die Welt mitleidig, da gehören sie hin[1]. Aber Jesus sagt: Sie sollen das Erdreich besitzen. Diesen Rechtlosen und Ohnmächtigen gehört die Erde. Die sie jetzt besitzen mit Gewalt und Unrecht, sollen sie verlieren, und die hier ganz auf sie Verzicht geleistet haben, die sanftmütig waren bis zum Kreuz, sollen die neue Erde beherrschen. Es wird hier nicht an innerweltliche Strafgerechtigkeit Gottes zu denken sein (Calvin), sondern wenn das Himmelreich herabkommt, dann wird die Gestalt der Erde erneuert werden und es wird die Erde der Gemeinde Jesu sein. Gott verläßt die Erde nicht. Er hat sie erschaffen. Er hat seinen Sohn auf die Erde gesandt. Er baute seine Gemeinde auf Erden. So ist der Anfang schon in dieser Zeit gemacht. Ein Zeichen ist gegeben. Schon hier ist den Ohnmächtigen ein Stück Erde gegeben, die haben die Kirche, ihre Gemeinschaft, ihre Güter, Brüder und Schwestern – mitten unter Verfolgungen bis ans Kreuz. Aber auch Golgatha ist ein Stück Erde. Von Golgatha her, wo der Sanftmütigste starb, soll die Erde neu werden. Wenn das Reich Gottes kommt, dann werden die Sanftmütigen das Erdreich besitzen.

„Selig sind, die da hungert und dürstet nach der Gerechtigkeit, denn sie sollen satt werden.“ Nicht nur im Verzicht auf das eigene Recht, sondern sogar im *Verzicht auf die eigene Gerechtigkeit* leben die Nachfolgenden. Sie haben keinerlei eigenen Ruhm aus dem, was sie tun und opfern. Sie können Gerechtigkeit nicht anders haben als in Hunger und Durst nach ihr; weder

[1] Der Kaiser Julian schrieb in seinem 43. Brief höhnisch, er konfisziere die Güter der Christen nur, damit sie arm ins Himmelreich eingehen könnten.

eigene Gerechtigkeit, noch die Gerechtigkeit Gottes auf Erden; sie sehen allezeit auf die zukünftige Gerechtigkeit Gottes, aber sie können sie nicht selbst aufrichten. Die Jesus nachfolgen, werden hungrig und durstig auf dem Weg. Nach Vergebung aller Sünden und völliger Erneuerung tragen sie Verlangen, nach dem Neuwerden der Erde und vollkommener Gerechtigkeit Gottes. Noch deckt der Fluch der Welt diese zu, noch fällt die Sünde der Welt auf sie. Der, dem sie nachfolgen, muß als Verfluchter am Kreuz sterben. Ein verzweifeltes Verlangen nach der Gerechtigkeit ist sein letzter Schrei: mein Gott, mein Gott, warum hast du mich verlassen? Der Jünger aber ist nicht über seinen Meister. Ihm folgen sie nach. Selig sind sie darin, denn ihnen ist verheißen, daß sie satt werden sollen. Gerechtigkeit sollen sie empfangen, nicht nur durchs Ohr, sondern leibliche Sättigung mit Gerechtigkeit soll ihnen widerfahren. Das Brot des wahrhaften Lebens sollen sie essen im zukünftigen Abendmahl mit ihrem Herrn. Um dieses zukünftigen Brotes willen sind sie selig; denn sie haben dieses Brot ja schon gegenwärtig. Der das Brot des Lebens ist, ist in all ihrem Hunger unter ihnen. Das ist die Seligkeit der Sünder.

„Selig sind die Barmherzigen, denn sie werden Barmherzigkeit erlangen." Diese Besitzlosen, diese Fremdlinge, diese Ohnmächtigen, diese Sünder, diese Nachfolger Jesu leben mit ihm nun auch im *Verzicht auf die eigene Würde*, denn sie sind barmherzig. Sie haben nicht genug an eigener Not, eigenem Mangel, sondern sie machen sich auch noch fremder Not, fremder Niedrigkeit, fremder Schuld teilhaftig. Sie haben eine unwiderstehliche Liebe zu den Geringen, Kranken, Elenden, zu den Erniedrigten und Vergewaltigten, zu den Unrechtleidenden und Ausgestoßenen, zu allem, was sich quält und sorgt; sie suchen die in Sünde und Schuld Geratenen. Keine Not ist zu tief, keine Sünde zu furchtbar, die Barmherzigkeit geht zu ihr ein. Die eigene Ehre schenkt der Barmherzige dem in Schande Geratenen und nimmt dessen Schande auf sich. Er läßt sich finden bei den Zöllnern und Sündern und trägt die Schmach ihrer Gemeinschaft willig. Das höchste Gut des Menschen, die eigene Würde und Ehre, geben sie hin und sind barmherzig. Nur *eine*

Würde und Ehre kennen sie: die Barmherzigkeit ihres Herrn, aus der allein sie leben. Er schämte sich nicht seiner Jünger, er wurde den Menschen ein Bruder, er trug ihre Schande bis zum Tod am Kreuz. Das ist die Barmherzigkeit Jesu, aus der die an ihn Gebundenen allein leben wollen, die Barmherzigkeit des Gekreuzigten. Diese Barmherzigkeit läßt sie alle eigene Ehre und Würde vergessen und allein die Gemeinschaft der Sünder suchen. Fällt nun Schande auf sie, so sind sie doch selig. Denn sie sollen Barmherzigkeit erlangen. Gott wird sich einst tief zu ihnen herabbeugen und sich ihrer Sünde und Schande annehmen. Gott wird seine Ehre ihnen geben und ihre Unehre selbst von ihnen nehmen. Es wird Gottes Ehre sein, die Schmach der Sünder zu tragen und sie mit seiner Ehre zu kleiden. Selig sind die Barmherzigen, weil sie den Barmherzigen zum Herrn haben.
„Selig sind, die reinen Herzens sind, denn sie sollen Gott schauen." Wer ist reinen Herzens? Allein der, der sein Herz Jesus ganz hingegeben hat, daß er allein darin herrsche; der sein Herz nicht befleckt durch eigenes Böses, aber auch nicht durch eigenes Gutes. Das reine Herz ist das einfältige Herz des Kindes, das nicht weiß um Gut und Böse, das Herz Adams vor dem Fall, das Herz, in dem nicht das Gewissen, sondern Jesu Wille herrscht. Wer im *Verzicht* steht *auf das eigene Gute und* Böse, auf das eigene Herz, wer so in der Buße steht und allein an Jesus hängt, dessen Herz ist rein durch das Wort Jesu. Reinheit des Herzens steht hier im Gegensatz zu aller äußerlichen Reinheit, zu der selbst die Reinheit der guten Gesinnung noch gehört. Das reine Herz ist rein von Gut und Böse, es gehört ganz und ungeteilt Christus an, es sieht allein auf ihn, der vorangeht. Gott schauen wird allein der, der in diesem Leben allein auf Jesus Christus gesehen hat, den Sohn Gottes. Sein Herz ist frei von befleckenden Bildern, nicht hin- und hergezogen durch die Mannigfaltigkeit eigener Wünsche und Absichten. Es ist ganz im Anschauen Gottes hingenommen. Gott schauen wird der, dessen Herz ein Spiegel des Bildes Jesu Christi geworden ist.
„Selig sind die Friedfertigen, denn sie werden Gottes Kinder heißen." Jesu Nachfolger sind zum Frieden berufen. Als Jesus

sie rief, fanden sie ihren Frieden. Jesus ist ihr Friede. Nun sollen sie den Frieden nicht nur haben, sondern auch schaffen[2]. Damit tun sie *Verzicht auf Gewalt und Aufruhr.* In der Sache Christi ist damit niemals etwas geholfen. Das Reich Christi ist ein Reich des Friedens, und die Gemeinde Christi grüßt sich mit dem Friedensgruß. Die Jünger Jesu halten Frieden, indem sie lieber selbst leiden, als daß sie einem anderen Leid tun, sie bewahren Gemeinschaft, wo der andere sie bricht, sie verzichten auf Selbstbehauptung und halten dem Haß und Unrecht stille. So überwinden sie Böses mit Gutem. So sind sie Stifter göttlichen Friedens mitten in einer Welt des Hasses und Krieges. Nirgends aber wird ihr Frieden größer sein als dort, wo sie den Bösen im Frieden begegnen und von ihnen zu leiden bereit sind. Die Friedfertigen werden mit ihrem Herrn das Kreuz tragen; denn am Kreuz wurde der Friede gemacht. Weil sie so in das Friedenswerk Christi hereingezogen sind, berufen zum Werk des Sohnes Gottes, darum werden sie selbst Söhne Gottes genannt werden.

„Selig sind, die um Gerechtigkeit willen verfolgt werden, denn das Himmelreich ist ihr." Es ist hier nicht die Rede von der Gerechtigkeit Gottes, sondern vom Leiden um einer gerechten Sache[3], um des gerechten Urteilens und Tuns der Jünger Jesu willen. In Urteil und Tat werden sich die, die Jesus nachfolgen in Verzicht auf Besitz, auf Glück, auf Recht, auf Gerechtigkeit, auf Ehre, auf Gewalt, unterscheiden von der Welt; sie werden der Welt anstößig sein. Darum werden die Jünger um Gerechtigkeit willen verfolgt werden. Nicht Anerkennung, sondern Verwerfung ist der Lohn ihres Wortes und Werkes durch die Welt. Es ist wichtig, daß Jesus seine Jünger auch dort selig preist, wo sie

---

[2] εἰρηνοποιοί hat doppelten Sinn: Auch „friedfertig" ist nach Luthers eigener Auslegung nicht nur passivisch zu verstehen. Die englische Übersetzung „peacemaker" ist einseitig und Anlaß zu mancherlei mißverstandenem christlichen Aktivismus geworden.

[3] Beachte das Fehlen des Artikels!

nicht unmittelbar um des Bekenntnisses zu seinem Namen willen, sondern um einer gerechten Sache willen leiden. Es wird ihnen dieselbe Verheißung zuteil wie den Armen. Als die Verfolgten sind sie ja ihnen gleich.

Hier am Ende der Seligpreisungen entsteht die Frage, welcher Ort dieser Welt einer solchen Gemeinde eigentlich noch bleibt. Es ist deutlich geworden, daß es für sie nur einen Ort gibt, nämlich den, an dem der Allerärmste, Allerangefochtenste, Allersanftmütigste zu finden ist, das Kreuz auf Golgatha. Die Gemeinde der Seliggepriesenen ist die Gemeinde des Gekreuzigten. Mit ihm verlor sie alles und mit ihm fand sie alles. Vom Kreuz her heißt es nun: selig, selig. Nun aber spricht Jesus ganz allein zu denen, die es begreifen können, zu den Jüngern, darum in direkter Anrede: „Selig seid ihr, wenn euch die Menschen um meinetwillen schmähen und verfolgen und reden allerlei Übles wider euch, so sie daran lügen. Seid fröhlich und getrost; es wird euch im Himmel wohl belohnt werden. Denn also haben sie verfolgt die Propheten, die vor euch gewesen sind." „Um meinetwillen" – die Jünger werden geschmäht, aber getroffen wird Jesus selbst. Auf ihn fällt alles, denn um seinetwillen werden sie geschmäht. Er trägt die Schuld. Das Schmähwort, die tödliche Verfolgung und die üble Nachrede besiegeln die Seligkeit der Jünger in ihrer Gemeinschaft mit Jesus. Es kann ja nicht anders sein, als daß die Welt sich an den sanftmütigen Fremdlingen austobt mit Wort, Gewalt und Verleumdung. Zu bedrohlich, zu laut ist die Stimme dieser Armen und Sanftmütigen, zu geduldig und still ihr Leiden; zu gewaltig zeugt diese Jüngerschar Jesu durch Armut und Leiden von dem Unrecht der Welt. Das ist tödlich. Während Jesus ruft: selig, selig, schreit die Welt: hinweg, hinweg! Ja, hinweg! Aber wohin? Ins Himmelreich. Seid fröhlich und getrost, es wird euch im Himmel wohl belohnt werden. Da stehen die Armen im Freudensaal. Gott selbst wischt den Weinenden die Tränen der Fremde ab, er speist die Hungrigen mit seinem Abendmahl. Die verwundeten und gemarterten Leiber stehen verklärt da, und statt der Kleider der Sünde und Buße tragen sie das weiße Kleid der ewigen Gerechtigkeit. Aus dieser ewigen Freude dringt schon hier ein Ruf zu der Gemeinde der Nachfolgenden unter dem Kreuz, der Ruf Jesu: selig, selig.

Nachfolge, 81–90

Nachfolge und Kreuz

„Wenn einer mir nachfolgen will, der verleugne sich selbst." Wie Petrus in der Verleugnung Christi sagte: „Ich kenne diesen Menschen nicht", so soll der Nachfolgende nun zu sich selbst sagen. Selbstverleugnung kan niemals aufgehen in einer noch so großen Fülle einzelner Akte der Selbstzermarterung oder asketischen Übungen; es heißt nicht Selbstmord, weil auch hier noch der Eigenwille des Menschen sich durchsetzen kann. Selbstverleugnung heißt nur Christus kennen, nicht mehr sich selbst, nur noch ihn sehen, der vorangeht, und nicht mehr den Weg, der uns zu schwer ist. Selbstverleugnung sagt wiederum nur: Er geht voran, halte dich fest an ihn...

Das Leiden muß getragen werden, damit es vorübergeht. Entweder die Welt muß es tragen und daran zugrundegehen, oder es fällt auf Christus und wird in ihm überwunden. So leidet Christus stellvertretend für die Welt. Allein sein Leiden ist erlösendes Leiden. Aber auch die Gemeinde weiß nun, daß das Leiden der Welt einen Träger sucht. So fällt in der Nachfolge Christi das Leiden auf sie, und sie trägt es, indem sie selbst von Christus getragen ist. Stellvertretend steht die Gemeinde Jesu Christi für die Welt vor Gott, indem sie nachfolgt unter dem Kreuz.

Gott ist ein Gott des Tragens. Der Sohn Gottes trug unser Fleisch, er trug darum das Kreuz, er trug alle unsere Sünden und schuf durch sein Tragen Versöhnung. So ist auch der Nachfolger zum Tragen berufen. Im Tragen besteht das Christsein. Wie Christus im Tragen die Gemeinschaft des Vaters bewahrt, so ist das Tragen des Nachfolgenden Gemeinschaft mit Christus. Der Mensch kann die ihm auferlegte Last auch abschütteln. Aber er wird damit nicht von der Last überhaupt frei, sondern er trägt nun eine viel schwerere, unerträglichere Last. Er trägt das

selbstgewählte Joch seiner selbst. Jesus hat alle, die mit mancherlei Leiden und Lasten beladen sind, gerufen, ihr Joch abzuwerfen und sein Joch auf sich zu nehmen, das sanft, und seine Last, die leicht ist. Sein Joch und seine Last ist das Kreuz. Unter diesem Kreuz zu gehen ist nicht Elend und Verzweiflung, sondern Erquickung und Ruhe für die Seelen, ist höchste Freude. Hier gehen wir nicht mehr unter selbstgemachten Gesetzen und Lasten, sondern unter dem Joch dessen, der uns kennt und der selbst mit unter dem Joch geht. Unter seinem Joch sind wir seiner Nähe und Gemeinschaft gewiß. Er selbst ist es, den der Nachfolgende findet, wenn er sein Kreuz aufnimmt.
„Es muß gehen nicht nach deinem Verstand, sondern über deinen Verstand; senk dich in Unverstand, so gebe ich dir meinen Verstand. Unverstand ist der rechte Verstand; nicht wissen, wohin du gehest, das ist recht wissen, wohin du gehest. Mein Verstand macht dich gar unverständig. So ging aus Abraham von seinem Vaterland und wußte nicht, wohin. Er gab sich in mein Wissen und ließ fahren sein Wissen, und ist kommen den rechten Weg an das rechte Ende. Siehe, das ist der Weg des Kreuzes, den kannst du nicht finden, sondern ich muß dich führen als einen Blinden; darum nicht du, nicht ein Mensch, nicht eine Kreatur, sondern ich, ich selbst will dich unterweisen durch meinen Geist und Wort den Weg, da du inne wandeln sollst. Nicht das Werk, das du erwählest, nicht das Leiden, das du erdenkest, sondern das dir wider dein Erwählen, Denken, Begierden zukommet, da folge, da rufe ich, da sei Schüler, da ist es Zeit, dein Meister ist da kommen" (Luther).

Nachfolge, 63, 68f.

Aus dem Tagebuch der Amerika-Reise

8. Juni 1939

Sach. 7,9: Richtet recht, und ein jeglicher beweise an seinem Bruder Güte und Barmherzigkeit.
Matth. 5,7: Selig sind die Barmherzigen; denn sie werden Barmherzigkeit erlangen.

„Richtet recht, und ..." Das erbitte ich zuerst von euch, meinen Brüdern zu Haus. Ich will in euren Gedanken nicht geschont sein. Aber was heißt recht richten vor dem barmherzigen Gott, vor dem Kreuz Jesu Christi anderes als barmherzig sein? Keine blinde Barmherzigkeit; denn sie wäre nicht barmherzig, aber eine sehende, vergebende, brüderliche Barmherzigkeit als das gerechte Gericht über uns.
„Richtet recht, und ..." Das ist eine nötige Warnung und Weisung für die Aufgabe in Amerika. Es verbietet jeden Übermut und macht die Aufgabe groß. In den anderen Brüder sehen, die ebenso unter der Barmherzigkeit Jesu Christi und gar nicht mehr aus der eigenen und besonderen Erkenntnis oder Erfahrung leben und sprechen, dann werden wir nicht pfäffisch, sondern barmherzig sein. Wenn nur Gott uns barmherzig bleibt!

9. Juni 1939

Jes. 41,9: Du sollst mein Knecht sein; denn ich erwähle dich und verwerfe dich nicht.
Joh. 12,26: Wer mir dienen will, der folge mir nach; und wo ich bin, da soll mein Diener auch sein.

Gott erwählt sich den Sünder zum Knecht, damit seine Gnade ganz deutlich werde. Der Sünder soll Sein Werk tun und Seine Gnade ausbreiten. Wem Gott vergeben hat, dem gibt er einen Dienst zu tun. Aber dieser Dienst kann in nichts anderem bestehen als im Nachfolgen. Große Programme führen uns immer nur dorthin, wo wir selbst sind; wir aber sollten uns nur dort finden lassen, wo Er ist. Wir können ja nirgends anders mehr sein, als wo Er ist. Ob ihr drüben oder ich in Amerika arbeite, wir sind beide nur, wo Er ist. Er nimmt uns mit. Oder bin ich doch dem Ort ausgewichen, an dem Er ist? An dem Er für mich ist? Nein, Gott sagt: Du bist mein Knecht.

10. Juni 1939

Psalm 28,7: Der Herr ist meine Stärke und mein Schild; auf ihn hofft mein Herz, und mir ist geholfen. Und mein Herz ist fröhlich, und ich will ihm danken mit meinem Lied.
Eph. 4,30: Betrübet nicht den heiligen Geist Gottes, mit dem ihr versiegelt seid auf den Tag der Erlösung.

Worin kann „das Herz fröhlich sein" außer in der täglichen Gewißheit, daß Gott unser lieber Vater und Jesus Christus unser Erretter ist! Womit können wir den Heiligen Geist mehr betrüben, als daß wir traurigen Gedanken nachhängen und uns nicht ganz zuversichtlich seiner Leitung, seiner Sprache, seinem Trost anvertrauen? Bis der Tag der Erlösung da ist, endlich da ist!

11. Juni 1939

Ps. 44,22: Er kennt ja unsers Herzens Grund.
1. Kor. 13,12: Jetzt erkenne ichs stückweise; dann aber werde ich erkennen, gleichwie ich erkannt bin.

Heute ist Sonntag. Kein Gottesdienst. Die Stunden haben sich auch schon so verschoben, daß ich an eurem Gottesdienst nicht zugleich teilnehmen kann. Aber ich bin ganz bei euch, heute mehr denn je. Wenn nur die Zweifel am eigenen Weg überwunden wären. Das eigene Suchen nach des Herzens Grund, der doch unergründlich ist – „Er kennt ja unseres Herzens Grund". – Wenn das Durcheinander der Anklagen und Entschuldigungen, der Wünsche und Ängste alles in uns undurchsichtig macht, dann sieht Er in aller Klarheit bis auf den Grund. Dort aber findet Er einen Namen, den Er selbst eingeschrieben hat: Jesus Christus. – So wollen wir Sonntag feiern. Einst werden wir erkennen und schauen, was wir heute glauben, einst werden wir in Ewigkeit gemeinsam Gottesdienst halten.

Der Anfang, das Ende, o Herr, sie sind dein,
Die Spanne dazwischen, das Leben, war mein.
Und irrt ich im Dunkeln und fand mich nicht aus,
Bei dir, Herr, ist Klarheit und Licht ist dein Haus.

Noch eine kleine Zeit, dann ist's gewonnen,
dann ist der ganze Streit in nichts zerronnen.
Dann darf ich laben mich an Lebensbächen
Und ewig, ewiglich mit Jesus sprechen.

[Fritz Reuters (1. Vers) und Kierkegaards Grabinschriften]

12. Juni 1939

5. Mose 6,6: Die Worte, die ich dir gebiete, sollst du zu Herzen nehmen...

Apg. 15,40: Paulus zog hin, der Gnade Gottes befohlen von den Brüdern.

„Paulus zog hin, der Gnade Gottes befohlen von den Brüdern." Ankunft in New York. In diesen ersten Stunden zu wissen, daß Brüder uns der Gnade Gottes befohlen haben, war entscheidend...

13. Juni 1939

Frühstück mit Leiper, der mich aufs herzlichste begrüßt und mich abholt. Erste Besprechungen über die Zukunft. Ich mache zum klaren Ausgangspunkt für alles, daß ich zurück will in spätestens einem Jahr. Überraschung. Aber mir ist es ganz deutlich, daß ich zurück muß...
Das Landhaus in Lakeville/Con. liegt in den Bergen, es ist kühl und üppige Vegetation. Abends Tausende von fire-flies im Garten, fliegende Leuchtkäfer. Ich hatte sie niemals gesehen. Ganz phantastischer Anblick. Sehr herzliche und „informal" Aufnahme. – Bei allem fehlt nur Deutschland, die Brüder. Die ersten einsamen Stunden sind schwer. Ich begreife nicht, warum ich hier bin, ob es sinnvoll war, ob das Ergebnis sich lohnen

wird. Abends das Letzte: die Losungen und der Gedanke an die heimatliche Arbeit. Es sind nun fast zwei Wochen, ohne daß ich etwas von drüben weiß. Das ist kaum zu ertragen. „Es ist ein köstlich Ding, geduldig sein und auf die Hilfe des Herrn hoffen" (Klag. 3,26.)[1].

14. Juni 1939

Frühstück auf der Veranda um acht Uhr. Es hat nachts gegossen. Alles ist frisch und kühl. Danach Andacht. Das kurze Gebet – die ganze Familie kniet nieder – in dem wir an die deutschen Brüder dachten, hat mich fast überwältigt.

15. Juni 1939

Seit gestern abend kommen meine Gedanken von Deutschland nicht los. Ich hätte nicht für möglich gehalten, daß man in meinem Alter nach so vielen Jahren im Ausland so qualvolles Heimweh kriegen kann. Fast unerträglich wurde mir ein an sich wunderschöner Autoausflug am Morgen zu einer befreundeten Dame auf dem Land, d. h. im Gebirge. Man saß eine Stunde und schwatzte, gar nicht einmal das Dümmste, aber über Dinge, die mir so vollständig gleichgültig waren, ob in New York gute Musikausbildung möglich ist, über Kindererziehung etc. etc., und ich dachte, wie nützlich könnte ich diese Stunden in Deutschland verwenden. Am liebsten hätte ich das nächste Schiff genommen. Diese Untätigkeit, bzw. Tätigkeit an gleichgültiger Stelle ist uns wohl einfach nicht mehr erträglich im Gedanken an die Brüder und die kostbare Zeit. Die ganze Wucht der Selbstvorwürfe wegen einer Fehlentscheidung kommt wieder auf und erdrückt einen fast. Ich war sehr verzweifelt. Nachmittags versuchte ich, etwas zu arbeiten. Da wurde ich zu einer zweiten Ausfahrt in die Berge von Massachusetts eingeladen. Es kam mir sehr ungelegen. Ich hatte noch nicht mal Ruhe zum Bibellesen

---

[1] Losung dieses Tages.

und Gebet gefunden. Die Fahrt war schön. Wir kamen durch ein ganzes Stück Lorbeerwald. Der Ausblick von oben ähnelte der Harzlandschaft etwas. Aber den ganzen Tag wich der Druck nicht von mir ... Wie froh war ich, als ich abends die Losungen noch einmal aufschlug und las: „Mein Herz freut sich, daß du so gern hilfst" (Ps. 13,6).

16. Juni 1939

Heute vor vierzehn Tagen erst aus Berlin und schon wieder so voll Sehnsucht nach der Arbeit. Rückfahrt nach New York. Endlich Abend. Das brauchte ich dringend. Man ist weniger einsam, wenn man allein ist ...

Ich warte auf Post! Es ist kaum auszuhalten. Ich werde wohl nicht lange bleiben. Gottes Wort sagt heute: „Siehe, ich komme bald –" (Offbg. 3,11). Es ist keine Zeit zu verlieren, und hier verliere ich Tage, vielleicht Wochen. Jedenfalls sieht es im Augenblick so aus. Dann sage ich mir wieder: Es ist Feigheit und Schwäche, jetzt hier wegzulaufen. Aber werde ich hier jemals wirklich sinnvolle Arbeit tun können? – Beunruhigende politische Nachrichten aus Japan. Wenn es jetzt unruhig wird, fahre ich bestimmt nach Deutschland. Ich kann nicht allein draußen sein. Das ist mir ganz klar. Ich lebe ja doch drüben.

Den ganzen Tag in der Bibliothek. „Christian Century" durchgesehen. Instruktive Aufsätze: „How my mind has changed in the last decade." Theologieprofessoren über den Wandel der amerikanischen Theologie seit 1929. Die entscheidende Wendung zum Wort scheint noch nicht vollzogen, sondern eher vom Fortschrittsglauben zum Nihilismus, vom Ethizismus zur Philosophie der „Gegenwart", der „konkreten Situation" ... Bericht über das letzte lynching eines Negers. Zwei weiße Personen gehen ins Haus und beten mit den Negern „that the day may come when such things will not happen in America". Das ist eine gute Lösung solcher Vorkommnisse. – Ferner Bericht über die Areligiosität der College-Studenten, „desinterested." Das muß so kommen, wenn man nicht endlich versteht, daß „Religion" wirklich überflüssig ist.

18. Juni 1939 – Sonntag

Wie gut sind die Losungen heute: Ps. 119, 105; Matth. 13,8[2]. Nachmittag gearbeitet. Den ganzen Tag mit keinem Menschen gesprochen. Ich muß jetzt erst wieder lernen, wie gut es mir bisher gegangen ist, immer in der Gemeinschaft der Brüder zu sein. Und Niemöller ist seit zwei Jahren allein. Unausdenkbar. Was für ein Glaube, was für eine Zucht und was für ein spürbares Handeln Gottes! – Nun ist der Tag doch noch gut zu Ende gegangen. Ich war noch mal in der Kirche. Solange es einsame Christen gibt, so lange wird es auch noch Gottesdienste geben. Es ist doch eine große Hilfe, nach ein paar völlig einsamen Tagen in die Kirche zu gehen und dort mitzubeten, mitzusingen, mitzuhören. Die Predigt war erstaunlich (Broadway Presbyterian Church, Dr. McComb) über „our likeness with Christ". Eine ganz biblische Predigt – besonders gut die Abschnitte: „*we are blameless like Christ*", „we are *tempted* like Christ!" Hier wird später einmal ein Widerstandszentrum sein, wenn Riverside Church längst zum Götzentempel geworden ist. Ich war über diese Predigt sehr froh. Warum merkt nur ein Mann, der so predigt, gar nicht, eine wie schauderhafte Musik er spielen läßt? Ich werde ihn danach fragen. Mit dieser Predigt tut sich mir ein bisher ganz unbekanntes Amerika auf. – Fast wäre ich übrigens in diesen Tagen undankbar geworden für alle Bewahrung, die Gott mir hat zuteil werden lassen. Über der Absicht und dem innersten Bedürfnis, unablässig an die Brüder drüben und ihre Arbeit zu denken, wäre ich der Aufgabe hier fast entflohen. Es wäre mir fast wie eine Untreue erschienen, wenn ich nicht mit all meinen Gedanken drüben bin. Ich muß da noch den rechten Ausgleich finden. Paulus schreibt doch auch, daß er seiner Gemeinde „ohne Unterlaß" im Gebet gedenkt und hat sich zugleich der jeweiligen Aufgabe ganz hingegeben. Das muß noch gelernt werden. Es wird wohl nur durch das Beten gehen. Gott schenke mir in der nächsten Woche Klarheit über meine Zukunft und erhalte mich in der Gemeinschaft des Gebetes der Brüder.

---

[2] „Dein Wort ist meines Fußes Leuchte und ein Licht auf meinem Wege" und „Etliches fiel auf ein gutes Land".

19. Juni 1939

Ohne Nachricht aus Deutschland den ganzen Tag, von Post zu Post vergebliches Warten. Dabei hilft es nichts, zornig zu werden und entsprechende Briefe zu schreiben. Bis der Brief ankommt, ist längst die erwartete Nachricht da. Ich will wissen, was die Arbeit drüben macht, ob alles gut geht oder ob man mich braucht. Ich will für die morgige entscheidende Unterredung einen Wink von drüben haben. Vielleicht gut, daß er nicht gekommen ist. – Die Nachrichten über China sind beunruhigend. Wird man noch rechtzeitig nach Haus können, wenn es einmal ernst wird? – Den ganzen Tag in der Bibliothek. Englische Vorlesungen geschrieben. Die Sprache macht mir viel Not. Man sagt, ich spreche gut englisch, und ich finde es so völlig unzulänglich. Wie viel Jahre, Jahrzehnte, hat man gebraucht, um deutsch zu lernen, und man kann es bis jetzt noch nicht. Ich werde nie englisch lernen. Schon das ist ein Grund, bald wieder nach Hause zu gehen. Ohne Sprache ist man verloren, hoffnungslos einsam. Abends nach Times Square, eine Ausflucht. News Reel hier eine Stunde. Früh ins Bett. Was ist das für ein Tag. Aber: „Der Name des Herrn Jesu ward hochgelobt" (Apg. 19,17). Es stört mich, daß wir nicht die gleiche Zeit mit Deutschland haben. Es erschwert und hindert das gemeinsame Gebet. Es ist jeden Abend dasselbe. Aber: „Wir danken dir, Gott, ... daß dein Name so nahe ist" (Ps. 75,2).

20. Juni 1939

Morgens Brief von den Eltern aus Süddeutschland. Aus Stettin nichts. Besuch bei Leiper. Damit ist wohl die Entscheidung gefallen. Ich habe abgelehnt. Man war sichtlich enttäuscht und wohl etwas verstimmt. Für mich bedeutet es wohl mehr, als ich im Augenblick zu übersehen vermag. Gott allein weiß es. Es ist merkwürdig, ich bin mir bei allen meinen Entscheidungen über die Motive nie völlig klar. Ist das ein Zeichen von Unklarheit, innerer Unehrlichkeit oder ist es ein Zeichen dessen, daß wir über unser Erkennen hinausgeführt werden, oder ist es beides? Jes. 45,19; 1. Petr. 1,17[3].

Die Losung spricht heute furchtbar hart von Gottes unbestechlichem Gericht. Er sieht gewiß, wie viel Persönliches, wie viel Angst in der heutigen Entscheidung steckt, so mutig wie sie aussehen mag. Die Gründe, die man für eine Handlung vor anderen und vor sich selbst ausgibt, sind gewiß nicht ausreichend. Man kann eben alles begründen. Zuletzt handelt man doch aus einer Ebene heraus, die uns verborgen bleibt. Darum kann man nur bitten, daß Gott uns richten und uns vergeben wolle. –

21. Juni 1939

Zu meiner Entscheidung kommen natürlich immer noch Gedanken. Man hätte ja auch ganz anders begründen können: man ist einmal hier (vielleicht war gerade das Mißverständnis eine Führung?); es wird einem gesagt, es sei wie eine Gebetserhörung gewesen, als ich angemeldet worden sei; man möchte gerade mich haben; man versteht mich nicht, daß ich ablehne; es wirft alle Zukunftspläne um; ich habe keine Nachricht von zu Haus, ob vielleicht alles ohne mich ebenso gut geht etc. Oder man könnte fragen: Habe ich einfach aus Verlangen nach Deutschland und der Arbeit dort heraus gehandelt? Und ist das mir fast unbegreifliche und bisher fast ganz fremd gebliebene Heimweh ein begleitendes Zeichen von oben, das mir die Ablehnung leichter machen soll? Oder: Ist es nicht unverantwortlich im Blick auf so viele andere Menschen, einfach nein zu sagen zu seiner eigenen Zukunft und der vieler anderer? Werde ich es bereuen? Ich darf es nicht, das ist sicher. Trotz allem steht für mich an erster Stelle das Versprechen, dann die Freude der Arbeit zu Haus und schließlich der andere, den ich verdrängen würde. Wieder spricht die Losung so hart: „Er wird das Silber prüfen und reinigen" (Mal. 3, 3). Es ist auch nötig. Ich kenne mich nicht

[3] Losungen: „Ich bin der Herr, der von Gerechtigkeit redet und verkündigt, was da recht ist." „Sintemal ihr den zum Vater anrufet, der ohne Ansehen der Person richtet nach eines jeglichen Werk, so führet euren Wandel, so lange ihr hier wallet, mit Furcht."

mehr aus. Aber Er kennt sich aus; und am Ende wird alles Handeln und Tun klar und rein sein.

22. Juni 1939

Die Abendblätter bringen sehr aufgeregte Nachrichten über Japan. Bewer beruhigt mich. Es ist doch für einen Deutschen hier drüben nicht auszuhalten; man wird einfach zerrissen. Während einer Katastrophe hier zu sein, ist einfach undenkbar, wenn es nicht so gefügt wird. Aber selbst daran schuld zu sein, sich selbst Vorwürfe machen zu müssen, unnötig herausgegangen zu sein, ist gewiß vernichtend. Wir können uns von unserem Schicksal doch nicht trennen; hier draußen erst recht nicht; hier liegt es einem allein auf den Schultern, und man hat keine Stimme und kein Recht im fremden Land. Außerdem wird auch hier der Sturm bald losbrechen. Es brodelt erheblich unter der Oberfläche. Weh dann denen, die hier heimatlos sind! Es ist so seltsam, wie stark mich in diesen Tagen gerade diese Gedanken bewegen und wie alles Denken an die Una Sancta sich nur schwer Bahn bricht. Es ist doch schon ungeheuer viel verschüttet. – Ich schreibe seit gestern abends im Bett. Das ist ein ganz guter Abschluß. Nun fehlen nur noch die Losungen und die Fürbitte. Keine Nachricht aus Deutschland. Vormittag Besprechung mit Bewer, Van Dusen über Zukunft. Ich will im August zurückfahren. Man redet mir zu, länger zu bleiben. Aber wenn nichts anderes dazwischen kommt, bleibe ich beim 12. August...

24. Juni 1939

Endlich Post. Das ist eine große Befreiung. Aber es ist mir auch wieder ganz klar, daß ich in die Arbeit zurück muß. Heute habe ich ziemlich viel geschafft. W. A. Brown: State and Chruch, etc. Vormittags hielt mich Rodewell zu lange auf. Ich überlege jetzt oft, ob es wahr ist, daß Amerika das Land ohne Reformation ist. Wenn Reformation die von Gott gewirkte Erkenntnis des Scheiterns aller Wege zum Aufbau eines Reiches Gottes auf Erden ist, dann trifft es wohl zu. Aber gilt das nicht auch für England? In

Amerika ist die Stimme des Luthertums ja auch da, aber eben eine unter anderen; sie hat nie vermocht, die anderen Denominationen wirklich zu stellen. Es kommt scheint's überhaupt kaum zur „Begegnung" in diesem großen Land, in dem einer dem anderen immer ausweichen kann. Wo es aber zu keinen Begegnungen kommt, wo nur die liberty das Vereinende ist, dort weiß man natürlich auch nichts von der Gemeinschaft, die durch die Begegnung geschaffen wird. Das ganze Zusammenleben wird dadurch anders. Gemeinschaft in unserem Sinne, weder kulturell noch kirchlich, kann hier nicht wachsen. Ist das wahr? – Abends Karten geschrieben. Felix Gilbert angerufen. – Die Zeitungen sind heute wieder gräßlich. Losungen: „Wer glaubt, der flieht nicht" (Jes. 28, 16). Ich denke an die Arbeit zu Haus. Morgen ist Sonntag. Ob ich morgen eine *Predigt* höre?

26. Juni 1939

Heute las ich zufällig aus 2. Tim. 4: „Komme noch vor dem Winter" – die Bitte des Paulus an Timotheus. Timotheus soll das Leiden des Apostels teilen und sich nicht schämen. „Komme noch vor dem Winter" – es könnte sonst zu spät sein. Das geht mir den ganzen Tag nach. Es geht uns wohl so wie den Soldaten, die vom Feld in den Urlaub kommen und trotz allem, was sie erwarteten, wieder ins Feld zurückdrängen. Wir kommen nicht mehr davon los. Nicht als wären wir nötig, als würden wir gebraucht (von Gott!?), sondern einfach weil dort unser Leben ist und weil wir unser Leben zurücklassen, vernichten, wenn wir nicht wieder dabei sind. Es ist gar nichts Frommes, sondern etwas fast Vitales. Aber Gott handelt nicht nur durch fromme, sondern auch durch solche vitalen Regungen. „Komme noch vor dem Winter" – Es ist nicht Mißbrauch der Schrift, wenn ich das *mir* gesagt sein lasse. Wenn mir Gott Gnade dazu gibt.

27. Juni 1939

Brief von den Eltern. Große Freude, ganz überraschend. Mittags und nachmittags Arbeit in der Bibliothek. Tillich, Niebuhr.

Abends Besuch von Professor Richardson, langes Gespräch. Er ist Engländer. Es kommt mir vor, als stünde man ihm näher als den Amerikanern. Ob die Amerikaner uns darum so gar nicht verstehen, weil sie sich aus solchen zusammensetzen, die aus Europa weggingen, um ihrem Glauben für sich frei leben zu können? d. h. weil sie der letzten Entscheidung in Glaubensfragen nicht standgehalten haben? Sie würden, glaube ich, den Flüchtling besser verstehen als den, der bleibt. Von hier aus wird die amerikanische Toleranz oder richtiger: Gleichgültigkeit in dogmatischen Fragen, verständlich. Die Begegnung im Kampf ist ausgeschlossen, darum aber auch die echte leidenschaftliche Sehnsucht nach der Einheit im Glauben.

28. Juni 1939

Die Zeitungsnachrichten werden immer beunruhigender. Sie ziehen die Gedanken ab. Ich kann mir nicht denken, daß es Gottes Wille ist, daß ich ohne besondere Aufgabe im Kriegsfall hier bleiben soll. Ich muß am erstmöglichen Termin reisen.

29. Juni 1939

Die Nachrichten sind heute so, daß ich ziemlich entschlossen bin, mit Karl Friedrich[4] zurückzufahren. Morgen werden wir es besprechen. – Roberts sprach sehr kritisch über die Kirche in Amerika. Die Not kommt von innen. Die völlige Gleichgültigkeit gegen die Botschaft zersetzt die Kirche immer mehr. „Keep away from politics" – sagt, daß die Kirche sich auf ihre „religiöse Aufgabe" beschränken soll, für die sich keiner interessiert. Es ist mir immer schwer verständlich, wie sich der Grundsatz einer Trennung von Kirche und Staat mit der Praxis der sozialen, ökonomischen, gesellschaftlichen und politischen Wirksamkeit der Kirche verträgt. Trennung von Kirche und Staat hat jedenfalls offenbar nicht zur Folge, daß die Kirche ihrer eigenen

---

[4] Ältester Bruder, Prof. der Physik in Göttingen; gleichzeitig mit Dietrich B. zu Vorlesungen in den USA.

Aufgabe zugewandt bleibt, ist keine Sicherung gegen Säkularisierung. Nirgends ist die Kirche mehr säkularisiert, als wo sie wie hier grundsätzlich getrennt ist. Gerade die Trennung kann ein Gegenüber schaffen, das die Kirche viel stärker in die politisch-säkularen Dinge hineintreibt. Das ist wohl wichtig für unsere eigenen Entscheidungen drüben.

1. Juli 1939

Vormittags umgezogen. Mittags Karl Friedrich. Nachmittags etwas geschrieben. Dann mit K.F. in die Stadt, Geschenke besorgt, Music Hall, Kino, das größte. Schauderhaft. Aufdringlich, protzig, schwelgerisch in Farben, Musik und Fleisch. Solche Phantasie kann man nur in einer solchen Großstadtatmosphäre aufbringen. K. Fr. ist anderer Meinung. Abends rechzeitig nach Hause. Mich hat den ganzen Tag die Lage Deutschlands und der Kirche nicht losgelassen. Die Losungen sind wieder so gut! Hiob 41, 3: „Gott spricht: Wer hat mir etwas zuvor getan, daß ich's ihm vergelte? Es ist mein, was unter allen Himmeln ist." Röm. 11,36: „...von ihm und durch ihn und zu ihm sind alle Dinge. Ihm sei Ehre in Ewigkeit! Amen." Die Erde, die Völker, Deutschland und vor allem die Kirche können nicht aus seiner Hand fallen. Es fällt mir ungeheuer schwer, angesichts der heutigen Lage das „Dein Wille geschehe" zu denken und zu beten. Aber es muß sein. Morgen ist Sonntag. Gott lasse sein Wort Gehör finden in aller Welt.

2. Juli 1939 – Sonntag

Die Amerikaner reden in ihren Predigten so viel von Freiheit. Freiheit als Besitz ist für eine Kirche eine zweifelhafte Sache, Freiheit muß erworben werden unter dem Zwang eines Muß. Freiheit der Kirche kommt aus dem Muß des Wortes Gottes. Sonst wird sie zur Willkür und endet in vielen neuen Bindungen. Ob die Kirche in Amerika wirklich „frei" ist, ist mir sehr fraglich. Es sind einsame Sonntage hier drüben. Nur das Wort schafft die rechte Gemeinde. Es verlangt mich nach einer gemeinsamen guten Andacht in der eigenen Sprache. – Die Nachrichten sind nicht gut. Werden wir zur Zeit kommen? Losung: Jes. 35, 10"![5] Fürbitte.

6. Juli 1939

Ich schreibe auf dem Schiff. Die letzten beiden Tage waren ausgefüllt, daß ich nicht zum Schreiben kam. – Morgens down town zur Erledigung der Reisevorbereitungen. Auf dem Rückweg Stock exchange. Besorgungen. Um halb drei treffe ich Paul Lehmann in meinem Zimmer, der von Columbus/Ohio angereist kommt, um mich noch zu sehen. Große Freude. Von nun an die ganze restliche Zeit mit ihm zusammen. Kolleg vorbereitet.

7. Juli 1939

Letzter Tag. Paul versucht mich noch festzuhalten. Es geht nicht mehr. Van Dusen Kolleg. Packen. Bevor Mittag mit Hans Wedell. Theologische Gespräche mit Paul. Verabschiedung im Seminar. Abendessen mit Van Dusen. Fahrt aufs Schiff mit Paul. Halb zwölf Abschied, halb eins Abfahrt. Manhattan bei Nacht, der Mond steht über den skyscrapers. Es ist sehr heiß. Die Reise ist zu Ende. Ich bin froh, daß ich drüben war, und froh, daß ich wieder auf dem Heimweg bin. Ich habe vielleicht mehr gelernt in diesem Monat als in dem ganzen Jahr vor neun Jahren; mindestens habe ich für alle künftigen persönlichen Entscheidungen Wichtiges eingesehen. Wahrscheinlich wird sich diese Reise sehr bei mir auswirken.

9. Juli 1939 – Sonntag

Englischer Gottesdienst, der gut besucht ist, aber wohl ebenso als Abwechslung des monotonen Bordlebens wie Kino, u. a.

---

[5] „Die Erlösten des Herrn werden wiederkommen und gen Zion kommen mit Jauchzen; ewige Freude wird über ihrem Haupte sein; Freude und Wonne werden sie ergreifen, und Schmerz und Seufzen wird entfliehen."

Text: „Das Meer wird nicht mehr sein" (Offb. 21,1). Predigt sentimental und phrasenhaft. – Unterhaltung mit Karl Friedrich über Theologisches. Viel gelesen. Die Tage sind durch die Verkürzung von einer Stunde spürbar kürzer. – Seit ich auf dem Schiff bin, hat die innere Entzweiung über die Zukunft aufgehört. Ich kann ohne Vorwürfe an die abgekürzte Zeit in Amerika denken. – Losung: „Ich danke dir, daß du mich gedemütigt hast und lehrst mich deine Rechte" (Ps. 119, 71). Aus meinem liebsten Psalm eins der mir liebsten Worte.

Ges. Schriften I, 291–315

Verlorene Jahre?

Gestern hörte ich irgend jemand sagen, die letzten Jahre seien für ihn alles verlorene Jahre. Ich bin sehr froh, daß ich dieses Gefühl noch nie einen Augenblick gehabt habe; ich habe auch noch nie meine Entscheidung im Sommer 39 bereut, sondern stehe ganz unter dem Eindruck, daß mein Leben – so merkwürdig das klingt – völlig geradlinig und ungebrochen verlaufen ist, jedenfalls was die äußere Führung des Lebens angeht. Es ist eine ununterbrochene Bereicherung der Erfahrung gewesen, für die ich wirklich nur dankbar sein kann. Wenn mein gegenwärtiger status der Abschluß meines Lebens wäre, so hätte das einen Sinn, den ich zu verstehen glauben würde; andrerseits könnte alles auch eine gründliche Vorbereitung für einen neuen Anfang sein, der durch die Ehe, durch den Frieden und durch eine neue Aufgabe bezeichnet wäre.

11. 4. 1944, Widerstand und Ergebung, 297

Vor dem Abstumpfen bewahrt

Manche von uns leiden sehr darunter, daß sie gegen so viel Leiden, wie es diese Kriegsjahre mit sich bringen, innerlich abstumpfen. Neulich sagte einer zu mir: Ich bete täglich darum, daß ich nicht stumpf werde. Das ist gewiß ein gutes Gebet. Und doch, wir müssen uns davor hüten, uns selbst mit Christus zu verwechseln. Christus erlitt alles Leiden und alle Schuld der Menschen selbst in vollem Maße, ja darin war er Christus, daß er und er allein alles ertrug. Aber Christus konnte mitleiden, weil er zugleich aus dem Leiden erlösen konnte. Aus der Liebe und der Kraft, die Menschen zu erlösen, kam ihm die Kraft mitzuleiden. Wir sind nicht berufen, uns die Leiden der ganzen Welt aufzubürden, wir können im Grunde von uns aus gar nicht mitleiden, weil wir nicht erlösen können. Das Mitleiden-wollen aus eigener Kraft aber muß zu Boden gedrückt zur Resignation werden. Wir sind nur berufen, voller Freude auf den zu sehen, der in Wirklichkeit mitlitt und der Erlöser wurde. Voller Freude dürfen wir es glauben, daß einer da war, da ist, dem kein menschliches Leid und keine menschliche Sünde fremd ist und in tiefster Liebe unsere Erlösung vollbracht hat. Nur in solcher Freude an Christus, dem Erlöser, werden wir allein davor bewahrt, nicht abzustumpfen, wo uns menschliches Leid begegnet, oder auch unter der Erfahrung des Leides zu resignieren.

1. Advent 1942, Ges. Schriften II, 597f.

Teilnahme am Geschick Deutschlands

Du mußt übrigens wissen, daß ich noch keinen Augenblick meine Rückkehr 1939 bereut habe noch auch irgend etwas von dem, was dann folgte. Das geschah in voller Klarheit und mit bestem Gewissen. Ich will nichts von dem, was sich seit damals ereignet hat, aus meinem Leben streichen, weder das persönliche (– Wäre ich anders verlobt? Wärest Du verheiratet? Außerdem Sigurdshof, Ostpreußen, Ettal, meine Krankheit unter Deiner Assistenz, die Berliner Zeit) noch das allgemeine. Und daß ich jetzt sitze (erinnerst Du Dich an das Jahr, das ich Dir im vorigen März prophezeite?), rechne ich auch zu dem Teilnehmen an dem Schicksal Deutschlands, zu dem ich entschlossen war. Ohne jeden Vorwurf denke ich an das Vergangene und ohne Vorwurf nehme ich das Gegenwärtige hin; aber ich möchte nicht durch menschliche Manipulationen in Ungewißheit geraten. Wir können nur in der Gewißheit und im Glauben leben – Du bei den Soldaten draußen, ich in der Zelle, Maria und Renate im Warten und Hoffen. – In der „Imitatio Christi" las ich gerade: Custodi diligenter cellam tuam, et custodiet te! (Halte treu Wacht über deine Zelle und sie wird Wacht halten über dich!) – Gott erhalte uns im Glauben.

18. 12. 1943. Widerstand und Ergebung, 195f.

Dimensionen des Leidens

Zum zweitenmal erlebe ich die Passionszeit hier. Ich wehre mich innerlich dagegen, wenn ich in Briefen ... Wendungen lese, die von meinem „Leiden" sprechen. Mir kommt das wie eine Profanierung vor. Man darf diese Dinge nicht dramatisieren. Ob ich mehr „leide" als Du oder als die meisten Menschen heute überhaupt, ist mir mehr als fraglich. Natürlich ist vieles scheußlich, aber wo ist es das nicht?

Vielleicht haben wir an diesem Punkt überhaupt manches zu wichtig und feierlich genommen. Ich habe mich früher manchmal darüber gewundert, wie lautlos die Katholiken über diese Fälle hinweggehen. Sollte das aber doch vielleicht die größere Kraft sein? Vielleicht wissen sie aus ihrer Geschichte besser, was wirklich Leiden und Martyrium ist und schweigen zu geringfügigen Belästigungen und Hemmungen. Ich glaube z.B., daß zum „Leiden" entscheidend auch das körperliche Leiden hinzugehört, wirkliche Schmerzen usw. Wir betonen so gern das seelische Leiden; gerade dieses aber sollte uns Christus abgenommen haben und ich finde im Neuen Testament oder auch den altchristlichen Märtyrerakten nichts davon. Es ist doch wohl ein großer Unterschied, ob die „Kirche leidet" oder ob einem ihrer Diener dieses oder jenes widerfährt. Ich glaube, hier muß manches korrigiert werden; ja, offen gestanden, ich schäme mich manchmal fast, wie viel wir von unseren eigenen Leiden gesprochen haben. Nein, Leiden muß eine ganz andere Dimension haben, als was ich bisher erlebt habe.

9. 3. 1944. Widerstand und Ergebung, 260f.

Und schließlich würde ich anfangen Dir zu erzählen, z. B. daß es trotz allem, was ich so geschrieben habe, hier scheußlich ist, daß mich die grauenhaften Eindrücke oft bis in die Nacht verfolgen und daß ich sie nur durch Aufsagen unzähliger Liederverse verwinden kann und daß dann das Aufwachen manchmal mit einem Seufzer statt mit einem Lob Gottes beginnt. An die physischen Entbehrungen gewöhnt man sich, ja man lebt monatelang sozusagen leiblos – fast zu sehr –, an die psychischen Belastungen gewöhnt man sich nicht, im Gegenteil; ich habe das Gefühl, ich werde durch das, was ich sehe und höre, um Jahre älter und die Welt wird mir oft zum Ekel und zur Last. Vermutlich wunderst Du Dich jetzt, daß ich das so sage und denkst an meine Briefe, ja Du selbst schriebst so nett, ich sei „etwas bemüht" gewesen, euch über meine Lage Zuversicht zu geben. Ich frage mich selbst oft, wer ich eigentlich bin, der, der unter diesen gräßlichen Dingen hier immer wieder sich windet und das heulende Elend kriegt, oder der, der dann mit Peitschenhieben auf sich selbst einschlägt und nach außen hin (und auch vor sich selbst) als der Ruhige, Heitere, Gelassene, Überlegene dasteht und sich dafür (d. h. für diese Theaterleistung, oder ist es keine?) bewundern läßt? Was heißt „Haltung" eigentlich? Kurz, man kennt sich weniger denn je über sich selbst aus und legt auch keinen Wert mehr darauf, und der Überdruß an aller Psychologie und die Abneigung gegen die seelische Analyse wird immer gründlicher. Ich glaube, darum ist mir Stifter und Gotthelf so wichtig gewesen. Es geht um Wichtigeres als um Selbsterkenntnis.

15. 12. 1943. Widerstand und Ergebung, 181 f.

Wer bin ich?

Wer bin ich? Sie sagen mir oft,
ich träte aus meiner Zelle
gelassen und heiter und fest
wie ein Gutsherr aus seinem Schloß.

Wer bin ich? Sie sagen mir oft,
ich spräche mit meinen Bewachern
frei und freundlich und klar,
als hätte ich zu gebieten.

Wer bin ich? Sie sagen mir auch,
ich trüge die Tage des Unglücks
gleichmütig, lächelnd und stolz,
wie einer, der Siegen gewohnt ist.

Bin ich das wirklich, was andere von mir sagen?
Oder bin ich nur das, was ich selbst von mir weiß?
Unruhig, sehnsüchtig, krank, wie ein Vogel im Käfig,
ringend nach Lebensatem, als würgte mir einer die Kehle,
hungernd nach Farben, nach Blumen, nach Vogelstimmen,
dürstend nach guten Worten, nach menschlicher Nähe,
zitternd vor Zorn über Willkür und kleinlichste Kränkung,
umgetrieben vom Warten auf große Dinge,
ohnmächtig bangend um Freunde in endloser Ferne,
müde und leer zum Beten, zum Denken, zum Schaffen,
matt und bereit, von allem Abschied zu nehmen?
Wer bin ich? Der oder jener?
Bin ich denn heute dieser und morgen ein anderer?
Bin ich beides zugleich? Vor Menschen ein Heuchler
und vor mir selbst ein verächtlich wehleidiger Schwächling?
Oder gleicht, was in mir noch ist, dem geschlagenen Heer,
das in Unordnung weicht vor schon gewonnenem Sieg?

Wer bin ich? Einsames Fragen treibt mit mir Spott.
Wer ich auch bin, Du kennst mich, Dein bin ich, o Gott!

Widerstand und Ergebung, 382f.

In der Diesseitigkeit des Lebens glauben lernen

[Tegel] 21.7. [44][1]

Lieber Eberhard! Heute will ich Dir nur so einen kurzen Gruß schicken. Ich denke, Du wirst in Gedanken so oft und viel hier bei uns sein, daß Du Dich über jedes Lebenszeichen freust, auch wenn das theologische Gespräch einmal ruht. Zwar beschäftigen mich die theologischen Gedanken unablässig, aber es kommen dann doch auch Stunden, in denen man sich mit den unreflektierten Lebens- und Glaubensvorgängen genügen läßt. Dann freut man sich ganz einfach an den Losungen des Tages[2], wie ich mich z. B. an der gestrigen und heutigen besonders freue, und man kehrt zu den schönen Paul-Gerhardt-Liedern zurück und ist froh über diesen Besitz.

Ich habe in den letzten Jahren mehr und mehr die tiefe Diesseitigkeit des Christentums kennen und verstehen gelernt; nicht ein homo religiosus, sondern ein Mensch schlechthin ist der Christ, wie Jesus – im Unterschied wohl zu Johannes dem Täufer – Mensch war. Nicht die platte und banale Diesseitigkeit der Aufgeklärten, der Betriebsamen, der Bequemen oder der Lasziven, sondern die tiefe Diesseitigkeit, die voller Zucht ist, und in der die Erkenntnis des Todes und der Auferstehung immer gegenwärtig ist, meine ich. Ich glaube, daß Luther in dieser Diesseitgkeit gelebt hat.

Ich erinnere mich eines Gesprächs, das ich vor 13 Jahren in Amerika mit einem französischen jungen Pfarrer hatte. Wir hatten uns ganz einfach die Frage gestellt, was wir mit unserem Leben eigentlich wollten. Da sagte er: Ich möchte ein Heiliger werden (– und ich halte für möglich, daß er es geworden ist –);

---

[1] Am Tag nach dem gescheiterten Putsch.

[2] 20. Juli: „Jene verlassen sich auf Wagen und Rosse, wir aber denken an den Namen des Herrn, unsres Gottes" (Ps. 20,8). „Ist Gott für uns, wer mag wider uns sein" (Röm. 8,31). 21. Juli: „Der Herr ist mein Hirte, mir wird nichts mangeln" (Ps. 23,1). „Ich bin der gute Hirte und erkenne die Meinen und bin bekannt den Meinen" (1. Joh. 10,24).

das beeindruckte mich damals sehr. Trotzdem widersprach ich ihm und sagte ungefähr: Ich möchte glauben lernen. Lange Zeit habe ich die Tiefe dieses Gegensatzes nicht verstanden. Ich dachte, ich könnte glauben lernen, indem ich selbst so etwas wie ein heiliges Leben zu führen versuchte. Als das Ende dieses Weges schrieb ich wohl die „Nachfolge“. Heute sehe ich die Gefahren dieses Buches, zu dem ich allerdings nach wie vor stehe, deutlich.

Später erfuhr ich und ich erfahre es bis zur Stunde, daß man erst in der vollen Diesseitigkeit des Lebens glauben lernt. Wenn man völlig darauf verzichtet hat, aus sich selbst etwas zu machen – sei es einen Heiligen oder einen bekehrten Sünder oder einen Kirchenmann (eine sogenannte priesterliche Gestalt!), einen Gerechten oder einen Ungerechten, einen Kranken oder einen Gesunden – und dies nenne ich Diesseitigkeit, nämlich in der Fülle der Aufgaben, Fragen, Erfolge und Mißerfolge, Erfahrungen und Ratlosigkeiten leben –, dann wirft man sich Gott ganz in die Arme, dann nimmt man nicht mehr die eigenen Leiden, sondern die Leiden Gottes in der Welt ernst, dann wacht man mit Christus in Gethsemane, und ich denke, das ist Glaube, das ist μετάνοια [Umkehr]; und so wird man ein Mensch, ein Christ. (Vergl. Jerem. 45!) Wie sollte man bei Erfolgen übermütig oder an Mißerfolgen irre werden, wenn man im diesseitigen Leben Gottes Leiden mitleidet? Du verstehst, was ich meine, auch wenn ich es so kurz sage. Ich bin dankbar, daß ich das habe erkennen dürfen und ich weiß, daß ich es nur auf dem Wege habe erkennen können, den ich nun einmal gegangen bin. Darum denke ich dankbar und friedlich an Vergangenes und Gegenwärtiges.

Vielleicht wunderst Du Dich über einen so persönlichen Brief. Aber wenn ich einmal so etwas sagen möchte, wem sollte ich es sonst sagen?

Gott führe uns freundlich durch diese Zeiten; aber vor allem führe er uns zu sich.

21. 7. 1944. Widerstand und Ergebung, 401 f.

Wo behält Gott noch Raum?

Wo behält nun Gott noch Raum? fragen ängstliche Gemüter und weil sie darauf keine Antwort wissen, verdammen sie die ganze Entwicklung, die sie in solche Notlage gebracht hat. Über die verschiedenen Notausgänge aus dem zu eng gewordenen Raum habe ich Dir schon geschrieben. Hinzuzufügen wäre noch der salto mortale zurück ins Mittelalter. Das Prinzip des Mittelalters aber ist die Heteronomie in der Form des Klerikalismus. Die Rückkehr dazu aber kann nur ein Verzweiflungschritt sein, der nur mit dem Opfer der intellektuellen Redlichkeit erkauft werden kann. Er ist ein Traum nach der Melodie: „O wüßt' ich doch den Weg zurück, den weiten Weg ins Kinderland." Diesen Weg gibt es nicht, – jedenfalls nicht durch den willkürlichen Verzicht auf innere Redlichkeit, sondern nur im Sinne von Matth. 18,3, d.h. durch Buße, d.h. durch letzte Redlichkeit! Und wir können nicht redlich sein, ohne zu erkennen, daß wir in der Welt leben müssen – „etsi deus non daretur". Und eben dies erkennen wir – vor Gott! Gott selbst zwingt uns zu dieser Erkenntnis. So führt uns unser Mündigwerden zu einer wahrhaftigeren Erkenntnis unserer Lage vor Gott. Gott gibt uns zu wissen, daß wir leben müssen als solche, die mit dem Leben ohne Gott fertig werden. Der Gott, der mit uns ist, ist der Gott, der uns verläßt (Markus 15,34)! Der Gott, der uns in der Welt leben läßt ohne die Arbeitshypothese Gott, ist der Gott, vor dem wir dauernd stehen. Vor und mit Gott leben wir ohne Gott. Gott läßt sich aus der Welt herausdrängen ans Kreuz, Gott ist ohnmächtig und schwach in der Welt und gerade und nur so ist er bei uns und hilft uns. Es ist in Matth. 8,17 ganz deutlich, daß Christus nicht hilft kraft seiner Allmacht, sondern kraft seiner Schwachheit, seines Leidens!

Hier liegt der entscheidende Unterschied zu allen Religionen. Die Religiosität des Menschen weist ihn in seiner Not an die Macht Gottes in der Welt, Gott ist der Deus ex machina. Die Bibel weist den Menschen an die Ohnmacht und das Leiden Gottes; nur der leidende Gott kann helfen. Insofern kann man sagen, daß die beschriebene Entwicklung zur Mündigkeit der

Welt, durch die mit einer falschen Gottesvorstellung aufgeräumt wird, den Blick freimacht für den Gott der Bibel, der durch seine Ohnmacht in der Welt Macht und Raum gewinnt. Hier wird wohl die „weltliche Interpretation“ einzusetzen haben...

„Christen stehen bei Gott in seinem Leiden“, das unterscheidet Christen von Heiden. „Könnt Ihr nicht eine Stunde mit mir wachen?“ fragt Jesus in Gethsemane. Das ist die Umkehrung von allem, was der religiöse Mensch von Gott erwartet. Der Mensch wird aufgerufen, das Leiden Gottes an der gottlosen Welt mitzuleiden. Er muß also wirklich in der gottlosen Welt leben und darf nicht den Versuch machen, ihre Gottlosigkeit irgendwie religiös zu verdecken, zu verklären; er muß „weltlich“ leben und nimmt eben darin an dem Leiden Gottes teil; er *darf* „weltlich“ leben, d. h. er ist befreit von den falschen religiösen Bindungen und Hemmungen. Christsein heißt nicht in einer bestimmten Weise religiös sein, aufgrund irgendeiner Methodik etwas aus sich machen (einen Sünder, Büßer oder einen Heiligen), sondern es heißt Menschsein. Nicht einen Menschentypus, sondern einen Menschen schafft Christus in uns. Nicht der religiöse Akt macht den Christen, sondern das Teilnehmen am Leiden Gottes im weltlichen Leben. Das ist die μετάνοια, nicht zuerst an die eigenen Nöte, Fragen, Sünden, Ängste denken, sondern sich in den Weg Jesu Christi mit hineinreißen lassen, in das messianische Ereignis, daß Jes. 53 nun erfüllt wird! Daher: „Glaubet an das Evangelium“, bzw. bei Joh. der Hinweis auf das „Lamm Gottes, das der Welt Sünden trägt“ (nebenbei: A. Jeremias hat kürzlich behauptet, „Lamm“ sei im Aramäischen auch durch „Knecht“ zu übersetzen. Ganz schön im Hinblick auf Jes. 53!).
Dieses Hineingerissenwerden in das messianische Leiden Gottes in Jesus Christus geschieht im Neuen Testament in verschiedenster Weise: durch den Ruf der Jünger in die Nachfolge, durch die Tischgemeinschaft mit den Sündern, durch „Bekehrungen“ im engeren Sinne des Wortes (Zachäus), durch das (ohne jedes Sündenbekenntnis sich vollziehende) Tun der großen Sünderin (Luk. 7), durch die Heilung der Kranken (s. o. Matth. 8,17),

durch die Annahme der Kinder. Die Hirten wie die Weisen aus dem Osten stehen an der Krippe, nicht als „bekehrte Sünder", sondern einfach, weil sie, so wie sie sind, von der Krippe her angezogen werden (Stern). Der Hauptmann von Kapernaum, der gar kein Sündenbekenntnis ablegt, wird als Beispiel des Glaubens hingestellt (vgl. Jairus). Den reichen Jüngling „liebt" Jesus. Der Kämmerer (Apg. 8), Cornelius (Apg. 10) sind alles andere als Existenzen am Abgrund. Nathanael ist ein „Israelit ohne Falsch" (Joh. 1,47); schließlich Joseph von Arimathia, die Frauen am Grabe. Das einzige, ihnen allen Gemeinsame, ist das Teilhaben am Leiden Gottes in Christus. Das ist ihr „Glaube". Nichts von religiöser Methodik, der „religiöse Akt" ist immer etwas Partielles, der „Glaube" ist etwas Ganzes, ein Lebensakt. Jesus ruft nicht zu einer neuen Religion auf, sondern zum Leben.

16. und 18. 7. 1944. Widerstand und Ergebung, 393–396

Christen und Heiden

1
Menschen gehen zu Gott in ihrer Not,
flehen um Hilfe, bitten um Glück und Brot,
um Errettung aus Krankheit, Schuld und Tod.
So tun sie alle, alle, Christen und Heiden.

2
Menschen gehen zu Gott in Seiner Not,
finden ihn arm, geschmäht, ohne Obdach und Brot,
sehn ihn verschlungen von Sünde, Schwachheit und Tod.
Christen stehen bei Gott in Seinen Leiden.

3
Gott geht zu allen Menschen in ihrer Not,
sättigt den Leib und die Seele mit Seinem Brot,
stirbt für Christen und Heiden den Kreuzestod,
und vergibt ihnen beiden.

Widerstand und Ergebung, 382

Segen und Leid

Du meinst, in der Bibel sei von Gesundheit, Glück, Kraft etc. nicht viel die Rede. Ich habe mir das noch mal sehr überlegt. Für das AT trifft es doch jedenfalls nicht zu. Der theologische Zwischenbegriff im AT zwischen Gott und dem Glück etc. des Menschen ist, soweit ich sehe, der des Segens. Gewiß geht es im AT, also z. B. bei den Erzvätern, nicht um das Glück, aber es geht um den Segen Gottes, der alle irdischen Güter in sich schließt. Dieser Segen ist die Inanspruchnahme des irdischen Lebens für Gott und er enthält alle Verheißungen. Es würde wieder der üblichen vergeistigten Auffassung des NT entsprechen, den alttestamentlichen Segen als vom NT überholt zu betrachten. Aber sollte es ein Zufall sein, daß im Zusammenhang mit dem Mißbrauch des Abendmahls („der gesegnete Kelch ..." 1. Kor. 10,16! 1. Kor. 11,30) von Krankheit und Tod gesprochen wird, daß Jesus Menschen gesund macht, daß die Jünger bei Jesus „nie Mangel leiden"? Soll man nun den alttestamentlichen Segen gegen das Kreuz setzen? So tat es Kierkegaard. Damit wird aus dem Kreuz ein Prinzip gemacht, bzw. aus dem Leiden, und eben hieraus entspringt ein ungesunder Methodismus, der dem Leiden den Charakter der Kontingenz einer göttlichen Schickung raubt. Übrigens muß ja auch im AT der Gesegnete viel leiden (Abraham, Isaak, Jakob, Joseph), aber nirgends führt dies (ebensowenig wie im NT) dazu, Glück und Leiden, bzw. Segen und Kreuz, in einen ausschließlichen Gegensatz zueinander zu bringen. Der Unterschied zwischen AT und NT liegt wohl in dieser Hinsicht nur darin, daß im AT der Segen auch das Kreuz, im NT das Kreuz auch den Segen in sich schließt.

Noch etwas ganz anderes: Nicht nur die Tat, sondern auch das Leiden ist ein Weg zur Freiheit. Die Befreiung liegt im Leiden darin, daß man seine Sache ganz aus den eigenen Händen geben und in die Hände Gottes legen darf. In diesem Sinne ist der Tod die Krönung der menschlichen Freiheit. Ob die menschliche Tat eine Sache des Glaubens ist oder nicht, entscheidet sich darin, ob der Mensch sein Leiden als eine Fortsetzung seiner Tat, als eine

Vollendung der Freiheit versteht oder nicht. Das finde ich sehr wichtig und sehr tröstlich.

28. 7. 1944. Widerstand und Ergebung, 406f.

In Ihm

Noch einmal habe ich mir die Losungen vorgenommen und darüber etwas meditiert. Es kommt wohl alles auf das „in Ihm" an. Alles, was wir mit Recht von Gott erwarten, erbitten dürfen, ist in Jesus Christus zu finden. Was ein Gott, so wie wir ihn uns denken, alles tun müßte und könnte, damit hat der Gott Jesu Christi nichts zu tun. Wir müssen uns immer wieder sehr lange und sehr ruhig in das Leben, Sprechen, Handeln, Leiden und Sterben Jesu versenken, um zu erkennen, was Gott verheißt und was er erfüllt. Gewiß ist, daß wir immer in der Nähe und unter der Gegenwart Gottes leben dürfen und daß dieses Leben für uns ein ganz neues Leben ist; daß es für uns nichts Unmögliches mehr gibt, weil es für Gott nichts Unmögliches gibt; daß keine irdische Macht uns anrühren kann ohne Gottes Willen und daß Gefahr und Not uns nur näher zu Gott treibt; gewiß ist, daß wir nichts zu beanspruchen haben und doch alles erbitten dürfen; gewiß ist, daß im Leiden unsre Freude, im Sterben unser Leben verborgen ist; gewiß ist, daß wir in dem allen in einer Gemeinschaft stehen, die uns trägt. Zu all dem hat Gott in Jesus Ja und Amen gesagt. Dieses Ja und Amen ist der feste Boden, auf dem wir stehen.

Immer wieder in dieser turbulenten Zeit verlieren wir aus dem Auge, warum es sich eigentlich zu leben lohnt. Wir meinen, weil dieser oder jener Mensch lebe, habe es auch für uns Sinn zu leben. In Wahrheit aber ist es doch so: Wenn die Erde gewürdigt wurde, den Menschen Jesus Christus zu tragen, wenn ein Mensch wie Jesus gelebt hat, dann und nur dann hat es für uns Menschen einen Sinn zu leben. Hätte Jesus nicht gelebt, dann wäre unser Leben trotz aller anderen Menschen, die wir kennen, verehren und lieben, sinnlos. Vielleicht entschwindet uns jetzt manchmal die Bedeutung und Aufgabe unseres Berufes. Aber kann man sie nicht in einfachster Form so aussprechen? Der unbiblische Begriff des „Sinnes“ ist ja nur eine Übersetzung dessen, was die Bibel „Verheißung“ nennt...

Bitte mache Dir nie Sorgen und Gedanken um mich; aber vergiß die Fürbitte nicht, wie Du es auch gewiß nicht tust! Gottes Hand und Führung ist mir so gewiß, daß ich hoffe, immer in dieser Gewißheit bewahrt zu werden. Du darfst nie daran zweifeln, daß ich dankbar und froh den Weg gehe, den ich geführt werde. Mein vergangenes Leben ist übervoll von Gottes Güte, und über der Schuld steht die vergebende Liebe des Gekreuzigten. Am dankbarsten bin ich für die Menschen, denen ich nahe begegnet bin und ich wünsche nur, daß sie sich nie über mich betrüben müssen, sondern daß auch sie immer nur dankbar der Güte und der Vergebung Gottes gewiß sind.

21. und 23. 8. 1944. Widerstand und Ergebung, 425–428

Sei gesegnet, du von Gott geschaffene Welt!

Psalm 34, 20: Der Gerechte muß viel leiden; aber der Herr hilft ihm aus dem allem.
1. Petrus 3, 9: Vergeltet nicht Böses mit Bösem oder Scheltwort mit Scheltwort, sondern dagegen segnet und wisset, daß ihr dazu berufen seid, daß ihr den Segen erbet.

Der Gerechte leidet unter der Welt, der Ungerechte nicht. Der Gerechte leidet unter den Dingen, die für andere selbstverständlich und notwendig sind. Der Gerechte leidet unter der Ungerechtigkeit, unter der Sinnlosigkeit und Verkehrtheit des Weltgeschehens, er leidet unter der Zerstörung der göttlichen Ordnungen der Ehe und Familie. Er leidet darunter nicht nur, weil es für ihn eine Entbehrung bedeutet, sondern weil er etwas Ungöttliches darin erkennt. Die Welt sagt: das ist nun einmal so, wird immer so sein und muß so sein. Der Gerechte sagt: es sollte nicht so sein, es ist gegen Gott. Daran vor allem wird man den Gerechten erkennen, daß er in dieser Weise leidet. Er bringt gewissermaßen das Sensorium Gottes in die Welt; darum leidet er, so wie Gott unter der Welt leidet. – „Aber der Herr hilft ihm“ – nicht in jedem Leiden der Menschen ist Gottes Hilfe. Aber in dem Leiden des Gerechten ist immer Gottes Hilfe, weil er ja mit Gott leidet. Gott ist immer dabei. Der Gerechte weiß, daß Gott ihn so leiden läßt, damit er Gott um seiner selbst willen lieben lernt. Im Leiden findet der Gerechte Gott. Das ist seine Hilfe. Findet in Eurer Trennung Gott und ihr findet Hilfe!

Die Antwort des Gerechten auf die Leiden, die ihm die Welt zufügt, heißt: segnen. Das war die Antwort Gottes auf die Welt, die Christus ans Kreuz schlug: Segen. Gott vergilt nicht Gleiches mit Gleichem, und so soll es auch der Gerechte nicht tun. Nicht verurteilen, nicht schelten, sondern segnen. Die Welt hätte keine Hoffnung, wenn dies nicht wäre. Vom Segen Gottes und der Gerechten lebt die Welt und hat sie eine Zukunft. Segnen, d. h. die Hand auf etwas legen und sagen: du gehörst trotz allem Gott. So tun wir es mit der Welt, die uns solches Leiden zufügt. Wir verlassen sie nicht, wir verwerfen, verachten, verdammen sie nicht, sondern wir rufen sie zu Gott, wir geben ihr Hoffnung, wir legen die Hand auf sie und sagen: Gottes Segen komme über dich, er erneuere dich, sei gesegnet, du von Gott geschaffene Welt, die du deinem Schöpfer und Erlöser gehörst. Wir haben Gottes Segen empfangen in Glück und im Leiden. Wer aber selbst gesegnet wurde, der kann nicht mehr anders als diesen Segen weitergeben, ja er muß dort, wo er ist, ein Segen sein. Nur aus dem Unmöglichen kann die Welt erneuert werden; dieses Unmögliche ist der Segen Gottes.

8. 6. 1944. Predigten II, 466 f.

IV. Tod

Hinführung

Das erste Echo auf Bonhoeffers Gedicht „Stationen auf dem Weg zur Freiheit" finden wir in Eberhard Bethges Antwort vom 21. 8. 1944: „Es gibt keine größere Selbstpreisgabe, Kundmachen sonst unerreichbarer Nähe als in einem Gedicht. ... Es ist schön, wie in solchen Strophen ganze Komplexe gemeinsamer Erlebnisse, Erkenntnisse und Überzeugungen aufgeweckt werden. ... Überraschend und noch am wenigsten nachfühlbar ist der Gedanke der vierten" (Widerstand und Ergebung 430).
Das „am wenigsten nachfühlbar" trifft wohl bis zum heutigen Tage zu. Und das hängt damit zusammen, daß die hier dem Tod beigemessene Bedeutung an die Grenze des überhaupt Aussagbaren führt. So kann über den Tod nur in Andeutungen gesprochen werden. Oder in Identifikationen, wie Bonhoeffer sie in den beiden autobiographischen Gedichten „Der Tod des Mose" und „Jona" versucht hat (Predigten II, 483–490 und 491). „Sinkend, Gott, in deine Ewigkeiten / seh mein Volk ich in die Freiheit schreiten. / Daß ich seine Schmach und Lasten trug / und sein Heil geschaut, / das ist genug." So kann wohl nur eine Veranschaulichung des Gedankens aussehen, daß der Tod „höchstes Fest auf dem Wege zur ewigen Freiheit" sei. Daß die beiden Gedichte über Mose und Jona in dieser Sammlung aus räumlichen Gründen keine Aufnahme finden konnten, ist bedauerlich. Sie gehören zu Bonhoeffers Versuchen einer Sinngebung des Todes unbedingt hinzu.
Die in diesem Kapitel gebrachten Auswahlstücke stammen aus den verschiedensten Zeiten und Gelegenheiten. Das bedingt ihre Unterschiedlichkeit. Sie reicht von durchaus gewohntem christlichem Reden über den Tod (etwa in der Londoner Predigt über Weisheit 3,3) bis zu einer so differenzierten Gegenüberstellung des von außen auf uns zukommenden Todes mit dem inneren, der täglich von uns zu vollziehen ist, die aber beide ganz wesenhaft aufeinander bezogen sind.
Bonhoeffer hat sich in allen Phasen seines Lebens intensiv mit

dem Tod auseinandergesetzt, bereits in seiner frühen Jugend, oft ohne erkennbaren Anlaß. Als solche Anlässe sich häuften, war er längst im Gedanken an den Tod eingeübt. Wo immer er ihm begegnete, besonders in den zahlreichen Nachrichten vom Soldatentod unter seinen Schülern und Freunden, vermochte er in so starker Weise zu trösten. Und als er nach dem 20. Juli 1944 dem eigenen Tod ins Auge zu blicken hatte, bewährte er jene den Tod überwindende Gelassenheit, die er im Glauben an die Auferstehung Christi gewonnen hatte. Das letzte uns von ihm überlieferte Wort konnte im Grunde kein anderes sein als dies: „Das ist das Ende, für mich der Beginn des Lebens". Er sagte es zu dem Mitgefangenen Payne Best, als er aus dem bereits für die Freilassung bestimmten Gefangenentransport in Schönberg (Bayrischer Wald) herausgerufen wurde, um zur Ermordung nach Flossenbürg gebracht zu werden.

Der Leser wird innerhalb der Beiträge ein bereits angedeutetes Gefälle feststellen. Das hängt mit einer deutlichen Akzentverlagerung in Bonhoeffers Verständnis der Auferstehung Christi zusammen. Sie wird ihm immer weniger eine Erlösung von der Welt und ihren Beschwernissen und Leiden, immer mehr eine Befreiung zum Leben in der Welt. Wer könnte verkennen, welche Impulse für Leben, Arbeiten, Hoffen in der Welt gerade deswegen von Bonhoeffer ausgegangen sind und weiter ausgehen werden? Durch sein Leben und Werk hat eine bestimmte Form von geschichtlichem, weltbezogenem Optimismus eine nur schwer zu erschütternde Rehabilitierung erfahren. Zwei besonders schöne Beispiele für Leben von der Auferstehung Christi her und auf sie hin bilden Beginn und Abschluß dieses letzten Kapitels: Das mit Recht in aller Welt so geliebte Gedicht „Von guten Mächten"; und die weniger bekannten, aber nicht minder schönen Ausführungen zu dem 19. Vers aus dem 119. Psalm: „Ich bin ein Gast auf Erden."

O. D.

Ich bin ein Gast auf Erden

Ich bin ein Gast auf Erden. Damit bekenne ich, daß ich hier nicht bleiben kann, daß meine Zeit kurz bemessen ist. Auch habe ich hier kein Anrecht auf Besitz und Haus. Alles Gute, das mir widerfährt, muß ich dankbar empfangen, Unrecht und Gewalttat aber muß ich leiden, ohne daß einer für mich eintritt. Einen festen Halt habe ich weder an Menschen noch an Dingen. Als Gast bin ich den Gesetzen meiner Herberge unterworfen. Die Erde, die mich ernährt, hat ein Recht auf meine Arbeit und meine Kraft. Es kommt mir nicht zu, die Erde, auf der ich mein Leben habe, zu verachten. Treue und Dank bin ich ihr schuldig. Ich darf meinem Los, ein Gast und Fremdling sein zu müssen und damit dem Ruf Gottes in diese Fremdlingschaft nicht dadurch ausweichen, daß ich mein irdisches Leben in Gedanken an den Himmel verträume. Es gibt ein sehr gottloses Heimweh nach der anderen Welt, dem gewiß keine Heimkehr beschieden ist. Ich soll ein Gast sein mit allem, was das einschließt. Ich soll mein Herz den Aufgaben, Schmerzen und Freuden der Erde nicht teilnahmslos verschließen und ich soll auf die Einlösung der göttlichen Verheißung geduldig warten, aber wirklich warten und sie mir nicht im voraus in Wünschen und Träumen rauben. Über die Heimat selbst ist hier kein Wort gesagt. Ich weiß, daß diese Erde sie nicht sein kann und weiß doch auch, daß die Erde Gottes ist und daß ich auch schon auf dieser Erde nicht nur ein Gast der Erde, sondern Gottes Pilgrim und Beisasse bin (Ps. 39, 13). Weil ich aber auf Erden nichts bin als ein Gast, ohne Recht, ohne Halt, ohne Sicherheit, weil Gott selbst mich so schwach und gering gemacht hat, darum hat er mir ein einziges festes Unterpfand für mein Ziel gegeben: sein Wort. Dieses einzige Gewisse wird er mir nicht entziehen, dieses Wort wird er mir halten und an ihm wird er mich seine Kraft spüren lassen. Wo das Wort von zu Hause bei mir ist, finde ich in der Fremde meinen Weg, im Unrecht mein Recht, in der Ungewißheit meinen Halt, in der Arbeit meine Kraft, im Leiden die Geduld.

1939/40. Predigten II, 431 f.

Der fremde und der eigene Tod

Der Tod ist wieder mitten unter uns getreten, und wir müssen uns, ob wir wollen oder nicht, Gedanken über ihn machen. Zweierlei ist mir in der letzten Zeit dabei wichtig geworden: der Tod ist außerhalb unser selbst und er ist in uns. Der Tod von außen ist der schreckliche Feind, der an uns herantritt, wann er will. Er ist der Sensenmann, unter dessen Schlag die Blume abfällt. Er lenkt die Kugel, daß sie trifft. Wir können nichts wider ihn, „hat Gewalt vom höchsten Gott". Er ist der Tod des ganzen Menschengeschlechts, Gottes Zorn und Ende alles Lebens. Aber das andere ist der Tod in uns, er ist unser eigener Tod. Auch er liegt in uns seit Adams Fall. Aber er gehört uns selbst zu. Wir sterben ihn in Jesus Christus täglich oder wir verweigern ihn. Dieser Tod in uns hat mit der Liebe zu Christus und den Menschen etwas zu tun. Wir sterben ihn, wenn wir Christus und die Brüder von Herzen lieben; denn Lieben heißt sich dem ganz hingeben, den man liebt. Dieser Tod ist Gnade und ist Vollendung des Lebens. Daß wir diesen Tod sterben, daß es uns geschenkt wird, daß uns der Tod von außen erst antrifft, wenn wir durch diesen eigenen Tod für ihn bereit gemacht sind, das darf unser Gebet sein; dann ist unser Tod wirklich nur der Durchgang zur vollendeten Liebe Gottes.
Wenn um uns herum Streit und Tod ihre wilde Herrschaft üben, dann sind wir aufgerufen, nicht nur durch Worte und Gedanken, sondern auch durch die Tat Gottes Liebe und Gottes Frieden zu bezeugen. Lest Jakobus 4, 1 ff.! Täglich wollen wir uns fragen, wo wir durch die Tat Zeugnis geben können für das Reich, in dem Liebe und Friede herrscht. Nur aus dem Frieden zwischen zweien und dreien kann der große Friede einmal erwachsen, auf den wir hoffen. Laßt uns allem Haß, Mißtrauen, Neid, Unfrieden, wo wir nur können, ein Ende machen. „Selig sind die Friedfertigen, denn sie sollen Gottes Söhne heißen."

20. 9. 1939. Ges. Schriften II, 557f.

Wer begreift die Auswahl?

Wer begreift die Auswahl derer, die Gott früh zu sich nimmt? Scheint es uns nicht bei dem frühen Tod junger Christen immer wieder, als beraube sich Gott selbst seiner besten Werkzeuge in einer Zeit, in der er sie am nötigsten brauchte? Aber Gott macht keine Fehler. Braucht Gott etwa unsere Brüder zu irgendeinem verborgenen Dienst für uns in der himmlischen Welt? Wir sollen unseren menschlichen Gedanken, die immer mehr wissen wollen, als sie wissen können, Einhalt gebieten und uns an das halten, was gewiß ist. Wen Gott zu sich ruft, den hat er geliebt. „Seine Seele gefällt Gott wohl, darum eilt er mit ihm aus diesem bösen Leben" (Weisheit 4,14). Wir wissen wohl, daß Gott und Teufel in der Welt miteinander in Streit liegen und daß der Teufel auch beim Tod ein Wort mitredet. Wir können angesichts des Todes nicht in fatalistischer Weise sprechen: „Gott will es", wir müssen das andere hinzusetzen: „Gott will es nicht." Der Tod zeigt an, daß die Welt nicht so ist, wie sie sein sollte, sondern daß sie der Erlösung bedarf. Christus allein ist die Überwindung des Todes. Hier kommt das „Gott will es" und „Gott will es nicht" zur schärfsten Zuspitzung und zum Austrag. Gott willigt ein in das, was Gott nicht will, und von nun an muß der Tod dennoch Gott dienen. Von nun an umfaßt das „Gott will es" auch das „Gott will es nicht". Gott will die Überwindung des Todes durch den Tod Jesu Christi. Allein in Kreuz und Auferstehung Jesu Christi ist der Tod in Gottes Gewalt gekommen, muß er den Zielen Gottes dienen. Nicht eine fatalistische Ergebung, sondern der lebendige Glaube an den für uns gestorbenen und auferstandenen Jesus Christus vermag ernstlich mit dem Tode fertig zu werden.

Im Leben mit Jesus Christus tritt dem Tod als allgemein von außen an uns herantretendem Geschick der Tod von innen, der eigene Tod, der freie Tod des täglichen Sterbens mit Jesus Christus gegenüber. Wer mit Christus lebt, stirbt täglich seinem eigenen Willen ab. Christus in uns gibt uns in den Tod, damit er in uns leben könne. So wächst unser inneres Sterben dem Tod von außen entgegen. So empfängt der Christ seinen eigenen Tod,

so wird der leibliche Tod im echten Sinne nicht zum Ende, aber zur Vollendung des Lebens mit Jesus Christus. Hier treten wir in die Gemeinschaft dessen, der bei seinem Tode sprechen konnte: „Es ist vollbracht."
Liebe Brüder, es mag sein, daß Ihr jetzt für solche Gedanken wenig Zeit und Sinn habt. Es gibt Zeiten, in denen uns alles Wirkliche so rätselhaft ist und so bedrängt, daß uns jedes direkte Wort das Geheimnis Gottes zu zerstören scheint, daß wir nur noch andeutend von letzten Dingen sprechen und sprechen hören wollen. Alles, was wir über unseren Glauben zu sagen vermögen, scheint dann so matt und leer gegenüber dem Wirklichen, das wir erleben und hinter dem wir ein unaussprechliches Geheimnis glauben. Das geht euch draußen kaum anders als uns zu Hause, alles Ausgesprochene ist wie im Nu verweht, alles Formulierte trifft das Wirkliche nicht mehr. Darin kann etwas sehr Echtes liegen, wenn nur in uns ein Wort, nämlich der Name Jesus Christus, nicht erlischt. Dieser Name bleibt ein Wort, das Wort, um das all unsere Worte kreisen. In diesem Wort allein liegt Klarheit und Kraft. „In meines Herzens Grunde dein Nam' und Kreuz allein funkelt all Zeit und Stunde, drauf will ich fröhlich sein."

15. 8. 1941. Ges. Schriften II, 576 f.

Ein Nachruf

Hochverehrter, lieber Bruder Vibrans!
In der Zeit, in der sich unsere Gedanken auf die Passion unseres Herrn Jesu Christi richten, in der wir versuchen, all das allgemeine Leid, das uns nicht losläßt, unter das Kreuz Jesu zu bringen, hat Gott Ihnen und uns ein großes persönliches Leid geschickt. Der Tod Ihres lieben Sohnes Gerhard hat auch mich getroffen, wie noch keine Todesnachricht während dieses Krieges. Ich glaube, der Schmerz und jenes Gefühl der Leere, die sein Tod in mir zurückläßt, könnte kaum anders sein, wenn er mein leiblicher Bruder gewesen wäre. Gerhard hat meinem Herzen besonders nahe gestanden. Ich bin ärmer geworden durch seinen

Tod. Wie viel mehr muß das bei Ihnen so sein, die Sie ihn soviel besser kannten, die Sie darum noch unendlich viel tiefer wissen, was Sie mit ihm verloren haben. Wie unfaßbar schwer ist Gerhards Tod für seine junge Frau, wie hart für seine Geschwister und für Eberhard. Seit ich Gerhard kennen lernte – und ich danke Gott dafür, daß ich ihn kennengelernt habe –, wußte ich, daß er ein Mensch war, wie es nur ganz wenige gibt, und je näher wir uns gekommen sind, desto mehr habe ich mich vor ihm gebeugt. Er hat mit seiner Aufrichtigkeit, seiner Wahrheitsliebe, seiner Selbstlosigkeit, seiner Reinheit für mich persönlich mehr bedeutet, als ich sagen kann und als er es wußte. Die Verbindung von Einfalt und Reife hat ihm jenes Vertrauen eingetragen, das er wie ganz wenige überall gefunden hat, wo er hinkam. Er war streng in seinen Ansprüchen sich selbst gegenüber und doch niemals pharisäisch, er hatte ein fröhliches Herz und wußte doch von allen Nöten und Anfechtungen, von aller Zerrissenheit des menschlichen Herzens. Für zwei Dinge werde ich ihm mein Leben lang dankbar bleiben, für die Art seiner Sonntagsheiligung und dafür, daß und wie er mich das Claudius'sche Lied: „Ich danke Gott und freue mich ..." gelehrt hat. Diese beiden Dinge sind mir durch ihn zu einem lebendigen Besitz geworden.

Im Seminar war Gerhard seinen Mitbrüdern ein guter Bruder. Nicht nur sein Herz, sondern auch seine Hand gehörte dem, der ihn brauchte. Dabei zog es ihn immer zu denen, die in besonderer Weise hilfsbedürftig waren. In ritterlicher Liebe hat er gerade zu den Schwachen und Schwierigen gestanden. Gerhard war immer bereit zu lernen und doch blieb er in allem er selbst. Darum war, was er sagte und tat, immer echt. Als ich nach der Nachricht von seinem Tode die Losung des 3. Febr.[1] aufschlug, erschrak ich zuerst über den furchtbaren Ernst. Aber dann begriff ich, daß Losung und Lehrtext gerade ihm besonders gelten durften. Es war ihm immer ganz ernst, daß der Glaube Frucht bringen müsse, daß der Glaube nicht ohne Werk sein könne. Er hatte den heiligen Richter immer vor Augen. Man mußte es seinem Wesen abspüren, daß auf ihm die Augen dessen ruhten, dessen Blick wie Feuerflammen ist. Es ist jenes reini-

gende, verzehrende, läuternde Feuer gewesen, das in seiner Wahrheitsliebe und in seiner Selbstlosigkeit einen Widerschein fand. So kann ich gerade diese Worte an seinem Todestage in großer Dankbarkeit und Zuversicht lesen.
Nun müssen wir all das, was wir mit ihm hatten, hingeben. Daß wir es unter dem Kreuz, unter dem er gelebt hat und Gnade gefunden hat, aus ganzem Herzen, in großer Dankbarkeit, in ungeteilter Gottesliebe täten. Daß wir uns doch um ihn keine Sorgen mehr machten. An ihm hat Gott alles Gute getan, er ist im Frieden. Daß wir unter dem Kreuz doch auch den Frieden fänden. Gott schenke es uns allen und lasse uns nach dieser Passionszeit ein fröhliches Ostern feiern...

1. 3. 1042. Ges. Schriften II, 590ff.

Vollendetes Leben

Psalm 90: Herr, Gott, du bist unsre Zuflucht für und für. Ehe denn die Berge wurden und die Erde und die Welt geschaffen wurden, bist du, Gott, von Ewigkeit zu Ewigkeit, der du die Menschen lässest sterben und sprichst: Kommt wieder, Menschenkinder! Denn tausend Jahre sind vor dir wie der Tag, der gestern vergangen ist, und wie eine Nachtwache. Du lässest sie dahinfahren wie einen Strom; sie sind wie ein Schlaf, gleichwie ein Gras, das hoch bald welk wird, das da frühe blüht und bald welk wird und des Abends abgehauen wird und verdorrt. Das macht dein Zorn, daß wir so vergehen, und dein Grimm, daß wir so plötzlich dahin müssen. Denn unsere Missetaten stellst du vor dich, unsere unerkannte Sünde ins Licht vor deinem Angesicht. Darum fahren alle unsere Tage dahin durch deinen Zorn; wir bringen unsere Jahre zu wie ein Geschwätz. Unser Leben währet

---

[1] Jer. 17, 10: Ich, der Herr, kann das Herz ergründen und die Nieren prüfen und gebe einem jeglichen nach seinem Tun, nach den Früchten seiner Werke. Offb. 1, 14: Seine Augen waren wie eine Feuerflamme.

siebzig Jahre, und wenn's hoch kommt, so sind's achtzig Jahre, und wenn's köstlich gewesen ist, so ist es Mühe und Arbeit gewesen; denn es fähret schnell dahin, als flögen wir davon. Wer glaubt aber, daß du so sehr zürnest, und wer fürchtet sich vor solchem deinem Grimm? Lehre uns bedenken, daß wir sterben müssen, auf daß wir klug werden. Herr, kehre dich doch wieder zu uns und sei deinen Knechten gnädig! Fülle uns frühe mit deiner Gnade, so wollen wir rühmen und fröhlich sein unser Leben lang. Erfreue uns nun wieder, nachdem du uns solange plagest, nachdem wir so lange Unglück leiden. Zeige deinen Knechten deine Werke und deine Ehre ihren Kindern. Und der Herr, unser Gott, sei uns freundlich und fördere das Werk unsrer Hände bei uns. Ja, das Werk unserer Hände wollest du fördern!

In großer Dankbarkeit stehen wir heute am Grab unserer guten entschlafenen Großmutter. Gottes Hand ist freundlich über uns gewesen, daß er sie bis heute unter uns gelassen hat. Wir können uns unser eigenes Leben nicht mehr denken ohne das ihre. Sie gehört ganz zu uns und sie wird immer ganz zu uns gehören. Und Gottes Hand ist auch freundlich über ihr gewesen bis zuletzt. Er hat sie nicht allein sein lassen. Er hat sie Kinder, Enkel und Urenkel sehen lassen. Er hat sie noch mitten in ihrer letzten schweren Krankheit für ein paar Tage fröhlich und gesund sein lassen, daß sie den Heiligen Abend noch einmal mit dem ganzen großen Haus feiern konnte, wie in all den Jahren zuvor. In großer Klarheit und Liebe hat sie bis zuletzt an all dem teilnehmen können, was jeden von uns persönlich oder beruflich bewegte. Sie hat nach allen gefragt, die ihr nahestanden, und für jeden gute und liebe Gedanken und Wünsche gehabt. Gott hat ihr auch gegeben, in Klarheit zu sehen, wie es um sie stand, und er hat ihr die Kraft dazu gegeben, sich darein zu schicken. Und wenn wir heute traurig werden wollen, daß sie nicht mehr bei uns ist, so sollen wir doch darüber niemals vergessen, wie dankbar wir sein müssen.

„Herr, Gott, du bist unsre Zuflucht für und für." In einem so langen Leben wie dem ihren gibt es Stunden, in denen man dies besonders lernen muß, daß man eine Zuflucht braucht. Früh hat sie ihren Vater verloren, zwei Söhne hat sie als Kinder hergeben müssen, im Krieg fielen drei Enkelsöhne; im Alter wurde es stiller um sie, als der Großvater starb, als ihre Geschwister heimgingen, als zuletzt noch wenige Jahre vor ihrem Tod unser guter Onkel Otto, ihr ältester Sohn, von uns ging. Gott hat oft sichtbar in ihr Leben eingegriffen; da hat sie es immer wieder lernen müssen, was sie von Kind auf gewußt hat: „Herr, Gott, du bist unsre Zuflucht für und für. Ehe denn die Berge wurden und die Erde und die Welt geschaffen wurden, bist du, Gott, von Ewigkeit zu Ewigkeit." Daran hat sie sich auch in ihrer Krankheit gehalten. Sich in den Willen Gottes schicken; tragen, was einem auferlegt ist; beherrscht und klar das Gegebene, das Wirkliche ins Auge fassen; tun, was nötig und geboten ist; schweigend und ohne Klage mit sich abmachen, worin einem ein anderer nicht helfen kann, und in alledem sich eine große innere Fröhlichkeit und kraftvolle Lebensbejahung bewahren – so hat sie ihr Leben aufgefaßt und geführt, so ist sie gestorben, und so haben wir sie geliebt.

„Der du die Menschen lässest sterben und sprichst: Kommt wieder, Menschenkinder." Sie hat dies Wiederkommen sehen dürfen in drei Generationen, und das war ihre größte Freude im Leben. Für ihre Kinder, Enkel und Urenkel war sie immer da, sie hatte immer und für alles Zeit, Ruhe und Rat. Und obwohl sie ganz mit jedem einzelnen mitlebte, so kam doch ihr Urteil und ihr Rat immer aus einem weiten Abstand von den Dingen, aus einem unvergleichlichen Wissen um alles Menschliche und aus einer großen Liebe. Und während sie so die Generationen kommen und wachsen sah, wurde sie selbst bereit zum Gehen. In aller Erfahrung und Weisheit spürte man, daß sie von einer demütigen Erkenntnis der Grenzen alles menschlichen Wissens, Urteilens und Lebens getragen war. „Tausend Jahre sind vor dir wie der Tag, der gestern vergangen ist, und wie eine Nachtwache." „Unser Leben währet siebzig Jahre, und wenn's hoch kommt, so sind's achtzig Jahre, und wenn's köstlich gewesen ist, so ist es Mühe und Arbeit gewesen." 93 Jahre alt ist sie geworden, und sie hat uns das Erbe einer anderen Zeit vermittelt. Mit ihr versinkt uns eine Welt, die wir alle irgendwie in uns

tragen und in uns tragen wollen. Die Unbeugsamkeit des Rechtes, das freie Wort des freien Mannes, die Verbindlichkeit eines einmal gegebenen Wortes, die Klarheit und Nüchternheit der Rede, die Redlichkeit und Einfachheit im persönlichen und öffentlichen Leben – daran hing ihr ganzes Herz. Darin lebte sie. Sie hat es in ihrem Leben erfahren, daß es Mühe und Arbeit macht, diese Ziele wahr zu machen im eigenen Leben. Sie hat diese Arbeit und Mühe nicht gescheut. Sie konnte es nicht ertragen, wo sie das Recht eines Menschen vergewaltigt sah. Darum waren ihre letzten Jahre getrübt durch das große Leid, das sie trug über das Schicksal der Juden in unserem Volk, an dem sie mittrug und mitlitt[1]. Sie stammte aus einer anderen Zeit, aus einer anderen geistigen Welt – und diese Welt sinkt nicht mit ihr ins Grab. Dieses Erbe, für das wir ihr danken, verpflichtet.
Aber nicht nur ihr Leben, sondern gerade auch ihr Tod soll uns zur Lehre werden. Herr, „lehre uns bedenken, daß wir sterben müssen, auf daß wir klug werden". Auch solches sinnerfüllte, bewußte Leben steht unter dem Todesgesetz, das auf allem Menschlichen lastet. Auch wir müssen einmal gehen, mit all unseren Idealen, Zielen und unserer Arbeit. Klug werden, das heißt von seiner Grenze, von seinem Ende wissen, aber viel mehr noch von dem Jenseits dieser Grenze wissen, von dem Gott, der ist von Ewigkeit zu Ewigkeit, in dessen Hände wir fallen, ob wir wollen oder nicht, in dessen Händen sie jetzt aufgehoben ist in Ewigkeit. Was sollen wir über solchem erfüllten und reichen Leben noch sagen? Wir rufen den Gott an, der unsere Zuflucht ist, zu dem wir fliehen können in aller Not und Traurigkeit; Jesus Christus, in dem alle Wahrheit, alle Gerechtigkeit, alle Freiheit und alle Liebe ist. Wir rufen den Gott an, der allen Haß, alle Lieblosigkeit, alle Unruhe überwunden hat durch seine unüberwindliche Liebe am Kreuz Jesu Christi. Wir bitten, daß sie schauen dürfe in Ewigkeit, was hier verhüllt und verborgen bleibt unter Sünde und Tod, daß sie in Frieden und Klarheit schauen dürfe das ewige Angesicht Gottes in Jesus Christus.

---

[1] Ein anwesender Vetter, der einen hohen Staatsposten innehatte, verweigerte wegen dieser Worte nach der Trauerfeier Bonhoeffer den Handschlag.

Der Anfang, das Ende, o Herr, sie sind dein,
Die Spanne dazwischen, das Leben war mein;
Und irrt' ich im Dunkeln und fand mich nicht aus –
Bei dir, Herr, ist Klarheit, und Licht ist dein Haus.

Und nun wollen wir nicht mehr traurig sein. Das war nicht ihr Sinn. Sie wollte nie einen Menschen traurig machen. Wir müssen zurück an unsere Arbeit und an unser Tagewerk. So hat sie es gewußt und gemeint. Sie liebte über alles die Tat und das Tagewerk. Darum wollen wir gestärkt von ihrem Grab fortgehen. Gestärkt durch ihr Bild, ihr Leben und Sterben, gestärkt aber viel mehr durch den Glauben an den Gott, der ihre und unsere Zuflucht ist für und für, gestärkt durch Jesus Christus. „Und der Herr, unser Gott, sei uns freundlich und fördere das Werk unserer Hände bei uns; ja das Werk unserer Hände wolle er fördern!" Amen.

15. 1. 1936. Predigten II, 48–52

Der verwandelte Tod

Wo wir Zurückgelassenen nichts sehen als Not und Angst und Pein und Selbstvorwurf und Reue, wo wir nichts sehen als Hoffnungslosigkeit und das Nichts, da sagt Gott: „Aber sie sind im Frieden."

Gottes „Aber" ist es, das gegen all unser Denken und Suchen geht. Gottes „Aber" ist es, das die Toten nicht sterben läßt, das sie auferweckt und zu sich führt. Gottes „Aber" ist es, das den Tod zum Schlaf macht, der uns in einer neuen Welt aufwachen läßt. Gottes „Aber" ist es, das die Toten ins Paradies bringt. „Wahrlich, ich sage dir, heute noch wirst du mit mir im Paradiese sein" (Luk. 23,43), so sagt Christus zu dem Räuber, der neben ihm am Kreuz hängt und Buße tut. „Aber" sie sind im Frieden, – das heißt eben, daß es wahrhaftig nicht das Selbstverständliche ist, sondern das ganz und gar Neue, das ganz und gar Letzte, das von Gott her Geschehende. Nicht unser Friede, sondern Gottes Friede.

Aber noch einmal sei es gesagt: Es gibt hier kein selbstsüchtiges Fragen, sondern all unser Wissen und all unsere Hoffnung kommt allein vom Blick auf Gott, dem wir alles anheimstellen und dem wir glauben, weil er sagt: Ich bin die Auferstehung und das Leben (Joh. 11,25). Ich lebe, und ihr sollt auch leben (Joh. 14,19).

Und nun können wir doch von dieser Welt Gottes, die nicht unsere Welt ist, von dem Reich des Friedens und daß unsere Toten uns vorausgegangen sind, gar nicht hören, ohne daß uns selbst eine unermeßliche Sehnsucht, ein unbeschreibliches Heimweh beschleicht nach jener Welt, wie es die Kinder beschleicht vor der Weihnachtsstube, in der Freude die Fülle und seliger Friede sein wird. Der hat noch nie an Gott und an sein Reich geglaubt, der hat noch nichts vom Reich der Auferstehung vernommen, der von Stund' an nicht selbst Heimweh hat und wartet, freudig wartet auf des Leibes Erlösung.

Ob wir jung sind oder alt, das ist hier kein Unterschied. Was sind die zwanzig oder dreißig oder fünfzig Jahre vor Gott? Und wer weiß denn, wie nahe er vielleicht schon dem Ziel ist? Daß das Leben erst anfängt, wenn es hier aufhört, daß das alles nur Vorspiel ist vor dem geschlossenen Vorhang, das sollen Junge und Alte bedenken. Warum haben wir denn solche Angst, an den Tod zu denken? Warum wird uns so bange, wenn wir uns vorstellen, wie wir auf dem Sterbebett liegen werden? Der Tod ist ja furchtbar nur für den, der Angst hat, der ihn fürchtet. Der Tod ist nicht wild und schrecklich, wenn wir nur still sind und an Gottes Wort [uns] halten. Der Tod ist nicht bitter, wenn wir nicht verbittert sind. Der Tod ist Gnade, Gottes größte Gnade, die er den Menschen, die ihm glauben, schenkt. Der Tod ist mild, der Tod ist süß, der Tod ist sanft, der Tod lockt mit himmlischer Gewalt, wenn wir nur wissen, daß er das Tor in die Heimat, in das Freudenzelt, in das ewige Reich des Friedens ist.

Vielleicht sagen wir: Ich habe nicht Angst vor dem Tod, ich habe aber Angst vor dem Sterben. Wer weiß es denn, daß das Sterben etwas Schreckliches ist? Wer weiß es denn, ob nicht die Ängste und Nöte des Menschen nur das Zittern und Schaudern vor dem herrlichsten, himmlischsten, seligsten Ereignis der Welt ist? Daß es das Zappeln des neugeborenen Kindes ist, das das Licht der Welt erblickt? Was sind all die merkwürdigen Dinge, die wir an Sterbebetten erleben können, anderes als ein Hinweis gerade darauf? Was bedeutet es, wenn einer, der lange gekämpft und gerungen und sich geängstigt [hat], im letzten Augenblick sein Auge groß auftut, als ob er etwas Herrliches sähe und ruft: Gott, ist das schön! Wir fragen: Was bedeutet das?

Jawohl, der Tod ist schrecklich. Er ist der Knochenmann mit der Sense, der einen nach dem anderen zum Totentanz fordert, ob er will oder nicht – wenn der Mensch nicht glaubt, wenn er nicht zu den Gerechten gehört, von denen unser Wort gilt: Aber sie sind im Frieden.

Der Tod ist die Hölle und die Nacht und die Kälte, wenn ihn unser Glaube nicht verwandelt. Aber das ist ja das Wunderbare, daß wir den Tod verwandeln können. Wenn ihn unser Glaube an Gott berührt, dann wird aus dem wilden Knochenmann, der uns Angst macht, der Freund, der Bote Gottes. Dann wird aus dem Tod Christus selbst. Ja, das sind sehr verborgene Dinge. Aber wir dürfen sie wissen. Und unser Leben hängt daran. Die Glaubenden werden Frieden haben, und der Tod wird sie nicht schrecken. Er kann sie nicht mehr anrühren, denn sie sind in der Hand Gottes und keine Qual rührt sie an.

Es hat mancher versucht, sich den Tod zum Freund zu machen. Und er ist ihm doch in letzter Stunde untreu geworden, er wurde sein Feind. Es gibt nur einen Weg, den Tod zum Freund zu haben und der heißt Glaube. Dann wird der Tod der beste Freund. Dann wird auch einmal über unserem Sterbebett Gottes Wort erklingen: „[Aber] sie sind im Frieden.“ Und unsere Augen werden übergehen vor Freude, wenn wir das Reich und diesen Frieden sehen werden.

Vielleicht kommt es euch kindlich vor, daß wir so reden. Aber können wir denn angesichts solcher Dinge anders als so kindlich reden? Sind wir denn angesichts solcher Dinge wirklich etwas anderes als Kinder, ahnungslose Kinder? Und wollen wir denn wirklich etwas anderes sein? Wollen wir etwas anderes sein, wenn wir in sein Reich kommen und den Freudentag sehen dürfen? Seht euch Kinder an, wenn sie sich freuen. Und sagt

selbst, ob ihr etwas Besseres sein wollt. Und ob wir uns dessen zu schämen hätten? „Ich will euch trösten, wie einen seine Mutter tröstet“ (Jes. 66,13).
Kinder der Auferstehung hat uns Christus genannt. Kinder, die Heimweh haben, das sind wir, wenn es recht mit uns steht.

26. 11. 1934. Predigten I, 398–401

„Ich bring' alles wieder...“

Mir geht in den letzten Wochen immer wieder der Vers durch den Kopf: „Lasset fahr'n, o liebe Brüder, / was euch quält, / was euch fehlt, / ich bring' alles wieder.“ Was heißt dies: „Ich bring' alles wieder“? Es geht nichts verloren, in Christus ist alles aufgehoben, aufbewahrt, allerdings in verwandelter Gestalt, durchsichtig, klar, befreit von der Qual des selbstsüchtigen Begehrens. Christus bringt dies alles wieder und zwar so, wie es von Gott ursprünglich gemeint war, ohne die Entstellung durch unsere Sünde. Die aus Eph. 1,10 stammende Lehre von der Wiederbringung aller Dinge ist ein großartiger und überaus tröstlicher Gedanke. Das „Gott sucht wieder auf, was vergangen ist“, bekommt hier seine Erfüllung. Und niemand hat das so einfach und kindlich auszudrücken vermocht wie P. Gerhardt in dem Wort, das er dem Christuskind in den Mund legt: „Ich bring' alles wieder.“ Vielleicht kann Dir dieser Vers in den kommenden Wochen auch etwas helfen. Außerdem habe ich zum erstenmal in diesen Tagen das Lied: „Ich steh an Deiner Krippe hier...“ für mich entdeckt. Ich hatte mir bisher nicht viel daraus gemacht. Man muß wohl lange allein sein und es meditierend lesen, um es aufnehmen zu können. Es ist in jedem Wort ganz außerordentlich gefüllt und schön. Ein klein wenig mönchisch-mystisch ist es, aber doch gerade nur so viel, wie es berechtigt ist; es gibt eben neben dem Wir doch auch ein Ich und Christus, und was das bedeutet, kann gar nicht besser gesagt werden als in diesem Lied; nur noch einige Stellen aus der Imitatio Christi, die ich jetzt in der lateinischen Ausgabe hin und wieder lese (sie ist übrigens lateinisch doch unendlich viel schöner als deutsch), gehören hierhin; auch denke ich gelegentlich an das  aus dem augustinischen „o bone Jesu" von Schütz. Ist dieser Passus nicht in gewisser Weise, nämlich in seiner ekstatischen, sehnsüchtigen und doch so reinen Andacht auch so etwas wie die „Wiederbringung" alles irdischen Verlangens? „Wiederbringung" ist übrigens ja nicht zu verwechseln mit „Sublimierung"! „Sublimierung" ist σάρξ [Fleisch] (und pietistisch?!), „Wiederbringung" ist Geist und zwar nicht im Sinne von „Vergeistigung" (was auch σάρξ ist), sondern καινὴ κτίσις [neue Schöpfung] durch das πνεῦμα ἅγιον [Heiligen Geist]. Ich glaube, daß dieser Gedanke auch sehr wichtig ist, wenn wir mit Menschen zu sprechen haben, die uns nach dem Verhältnis zu ihren Toten fragen. „*Ich* bring' alles wieder" – d. h. wir können und sollen es uns nicht selbst wieder nehmen, sondern von Christus geben lassen. (Übrigens, wenn ich mal begraben werde, dann möchte ich gern, daß das „Eins bitte ich vom Herren" und „Eile, mich, Gott, zu erretten", und „o bone Jesu" gesungen wird.)

4. Advent 1943. Widerstand und Ergebung 190f.

Die Freude der Überwinder

„Ewige Freude wird über ihrem Haupte sein..." (Jes. 35,10). Wir gönnen es ihnen, ja sollen wir sagen, daß wir sie im Stillen manchmal beneiden? Seit alten Zeiten gilt in der christlichen Kirche die acedia – die Traurigkeit des Herzens, die „Resignation" – für eine der Todsünden. „Dient ihm mit Freuden" (Ps. 100, 2) – ruft uns die Schrift zu. Dazu ist uns unser Leben gegeben und dazu ist es uns bis zur Stunde erhalten. Nicht nur den Heimgerufenen, sondern auch uns Lebenden gehört die Freude, die uns keiner auben soll. In dieser Freude sind wir mit ihnen eins, niemals aber in der Traurigkeit. Wie sollen wir den freudlos und mutlos Gewordenen helfen können, wenn wir nicht selbst von Mut und Freude getragen sind? Nichts Gemachtes, Erzwungenes, sondern etwas Geschenktes, Freies ist da gemeint. Bei Gott wohnt die Freude und von ihm kommt sie herab und ergreift Geist, Seele und Leib, und wo diese Freude einen Menschen gefaßt hat, dort greift sie um sich, dort reißt sie mit, dort sprengt sie verschlossene Türen. Es gibt eine Freude, die von Schmerz, Not und Angst des Herzens gar nichts weiß; sie hat keinen Bestand, sie kann nur für Augenblicke betäuben. Die Freude Gottes ist durch die Armut der Krippe und die Not des Kreuzes gegangen; darum ist sie unüberwindlich, unwiderleglich. Sie leugnet nicht die Not, wo sie da ist, aber sie findet mitten in, gerade in ihr, Gott; sie bestreitet nicht die ernste Sünde, aber sie findet gerade so die Vergebung; sie sieht dem Tod ins Auge, aber sie findet gerade in ihm das Leben. Um diese Freude, die überwunden hat, geht es. Sie allein ist glaubwürdig, sie allein hilft und heilt. Auch die Freude unserer Heimgerufenen ist die Freude der Überwinder – der Auferstandene trägt die Zeichen des Kreuzes an seinem Leibe –; wir stehen noch im täglichen Überwinden, sie haben für alle Zeit überwunden. Gott allein weiß, wie fern oder wie nahe schon wir der letzten Überwindung stehen, in der uns der eigene Tod zur Freude werden darf. „Mit Fried und Freud fahr ich dahin …"

1. Advent 1942. Ges. Schriften II, 596f.

Wir leben im Vorletzten und glauben das Letzte

Ich spüre übrigens immer mehr, wie alttestamentlich ich denke und empfinde; so habe ich in den vergangenen Monaten auch viel mehr A. T. als N. T. gelesen. Nur wenn man die Unaussprechlichkeit des Namens Gottes kennt, darf man auch einmal den Namen Jesus Christus aussprechen; nur wenn man das Leben und die Erde so liebt, daß mit ihr alles verloren und zu Ende zu sein scheint, darf man an die Auferstehung der Toten und eine neue Welt glauben; nur wenn man das Gesetz Gottes über sich gelten läßt, darf man wohl auch einmal von Gnade sprechen, und nur wenn der Zorn und die Rache Gottes über seine Feinde als gültige Wirklichkeiten stehen bleiben, kann von Vergebung und von Feindesliebe etwas unser Herz berühren. Wer zu schnell und zu direkt neutestamentlich sein und empfinden will, ist m. E. kein Christ. Wir haben darüber ja schon manchmal gesprochen und jeder Tag bestätigt mir, daß es richtig ist. Man kann und darf das letzte Wort nicht vor dem vorletzten sprechen. Wir leben im Vorletzten und glauben das Letzte, ist es nicht so? Lutheraner (sogenannte!) und Pietisten würden eine Gänsehaut bei diesen Gedanken kriegen, aber richtig ist es darum doch. In der „Nachfolge" habe ich diese Gedanken nur angedeutet (im ersten Kap.) und nachher nicht richtig durchgeführt. Das muß nun später geschehen. Die Konsequenzen sind sehr weitreichend.

2. Advent 1943. Widerstand und Ergebung, 175 f.

Durch Auferstehung an die Erde verwiesen

Noch etwas zu unseren Gedanken über das A. T. Im Unterschied zu allen anderen orientalischen Religionen ist der Glaube des A. T. keine Erlösungsreligion. Nun wird doch aber das Christentum immer als Erlösungsreligion bezeichnet. Liegt darin nicht ein kardinaler Fehler, durch den Christus vom A. T. getrennt und von den Erlösungsmythen her interpretiert wird? Auf den Einwand, daß auch im A. T. die Erlösung (aus Ägypten und später Babylon, vgl. Deuterojesaja) eine entscheidende Bedeutung habe, ist zu erwidern, daß es sich hier um *geschichtliche* Erlösungen handelt, d. h. *diesseits* der Todesgrenze, während überall sonst die Erlösungsmythen gerade die Überwindung der Todesgrenze zum Ziel haben. Israel wird aus Ägypten erlöst, damit es als Volk Gottes auf Erden vor Gott leben kann. Die Erlösungsmythen suchen ungeschichtlich eine Ewigkeit nach dem Tod. Die „Scheol", der Hades, sind keine Gebilde einer Metaphysik, sondern die Bilder, unter denen das irdisch „Gewesene" als zwar existent, aber doch nur schattenhaft in die Gegenwart hineinreichend, vorgestellt wird. Nun sagt man, das Entscheidende sei, daß im Christentum die Auferstehungshoffnung verkündigt würde, und daß also damit eine echte Erlösungsreligion entstanden sei. Das Schwergewicht fällt nun auf das Jenseits der Todesgrenze. Und eben hierin sehe ich den

Fehler und die Gefahr. Erlösung heißt nun Erlösung aus Sorgen, Nöten, Ängsten und Sehnsüchten, aus Sünde und Tod in einem besseren Jenseits. Sollte dies aber wirklich das Wesentliche der Christusverkündigung der Evangelien und des Paulus sein? Ich bestreite das. Die christliche Auferstehungshoffnung unterscheidet sich von den mythologischen darin, daß sie den Menschen in ganz neuer und gegenüber dem A. T. noch verschärfter Weise an sein Leben auf der Erde verweist. Der Christ hat nicht, wie die Gläubigen der Erlösungsmythen, aus den irdischen Aufgaben und Schwierigkeiten immer noch eine letzte Ausflucht ins Ewige, sondern er muß das irdische Leben wie Christus („mein Gott, warum hast Du mich verlassen?") ganz auskosten und nur indem er das tut, ist der Gekreuzigte und Auferstandene bei ihm und ist er mit Christus gekreuzigt und auferstanden. Das Diesseits darf nicht vorzeitig aufgehoben werden. Darin bleiben Neues und Altes Testament verbunden. Erlösungsmythen entstehen aus den menschlichen Grenzerfahrungen. Christus aber faßt den Menschen in der Mitte seines Lebens.

27. 11. 1944. Widerstand und Ergebung, 368 f.

Mit dem Tod fertig werden

Ob ich Dir doch heute schon meine besonderen Grüße und Wünsche für die Ostertage sagen muß? Ich weiß nicht, wie lange die Briefe unterwegs sind und ich möchte gern, daß Du weißt, daß ich mich gerade in den vor- und nachösterlichen Wochen durch viele gute Erinnerungen mit Dir verbunden weiß. Wenn ich in diesen Tagen das Neue Lied immer wieder durchblättere, so wird mir klar, daß ich die gesungene Osterfreude im Wesentlichen Dir zu verdanken habe. Seit einem Jahr habe ich keinen Choral mehr singen hören. Aber es ist merkwürdig, wie die nur mit dem inneren Ohr gehörte Musik, wenn man sich ihr gesammelt hingibt, fast schöner sein kann als die physisch gehörte; sie hat eine größere Reinheit, alle Schlacken fallen ab; sie gewinnt gewissermaßen einen „neuen Leib"! Es sind nur einige wenige Stücke, die ich so kenne, daß ich sie von innen her

hören kann; aber gerade bei den Osterliedern gelingt es besonders gut.
Ostern? Unser Blick fällt mehr auf das Sterben als auf den Tod. Wie wir mit dem Sterben fertig werden, ist uns wichtiger als wie wir den Tod besiegen. Sokrates überwand das Sterben, Christus überwand den Tod als ἔσχατος ἐχϑρός [letzten Feind] (1. Kor. 15,27). Mit dem Sterben fertig werden bedeutet noch nicht mit [dem] Tod fertig werden. Die Überwindung des Sterbens ist im Bereich menschlicher Möglichkeiten, die Überwindung des Todes heißt Auferstehung. Nicht von der ars moriendi [Kunst des Sterbens], sondern von der Auferstehung Christi her kann ein neuer reinigender Wind in die gegenwärtige Welt wehen. Hier ist die Antwort auf das: δὸς μοὶ ποῦ στῷ καὶ κινήσω τὴν γῆν [gib mir einen festen Platz zum Stehen, und ich werde die Erde bewegen]. Wenn ein paar Menschen dies wirklich glaubten und sich in ihrem irdischen Handeln davon bewegen ließen, würde vieles anders werden. Von der Auferstehung her leben – das heißt doch Ostern. Findest Du auch, daß die meisten Menschen nicht wissen, woher sie eigentlich leben? Die perturbatio animorum [Verwirrung des Geistes] greift außerordentlich um sich. Es ist ein unbewußtes Warten auf das lösende und befreiende Wort. Aber noch ist wohl nicht die Zeit, daß es gehört werden kann. Aber sie wird kommen, und dieses Ostern ist vielleicht eine der letzten großen Gelegenheiten, uns auf unsere künftige Aufgabe vorzubereiten.

27. 3. 1944. Widerstand und Ergebung, 269 f.

Von guten Mächten

Ein Brief und ein Gedicht

[Prinz-Albrecht-Straße]
28. Dez. 44

Liebe Mama! Eben habe ich zu meiner ganz großen Freude die Erlaubnis bekommen, Dir zum Geburtstag zu schreiben. Ich muß es etwas in Eile tun, da der Brief gleich noch fort soll. Eigentlich habe ich nur einen einzigen Wunsch, nämlich Dir in diesen für euch so trüben Tagen irgendeine Freude machen zu können. Liebe Mama, Du mußt wissen, daß ich jeden Tag unzählige Male an Dich und Papa denke und daß ich Gott danke, daß Ihr da seid für mich und für die ganze Familie. Ich weiß, daß Du immer nur für uns gelebt hast und daß es für Dich ein eigenes Leben nicht gegeben hat. Daher kommt es, daß ich alles, was ich erlebe, auch nur mit euch zusammen erleben kann. Daß Maria bei euch ist, ist mir ein ganz großer Trost. Ich danke Dir für alle Liebe, die im vergangenen Jahr von Dir zu mir in meine Zelle gekommen ist und mir jeden Tag hat leichter werden lassen. Ich glaube, daß diese schweren Jahre uns noch enger miteinander verbunden haben als es je war. Ich wünsche Dir und Papa und Maria und uns allen, daß das neue Jahr uns doch wenigstens hier und da einen Lichtblick bringt und daß wir uns doch noch einmal zusammen freuen können. Gott erhalte euch gesund!
Es grüßt Dich, liebe, liebe Mama, und denkt an Dich an Deinem Geburtstag von ganzem Herzen

Euer dankbarer Dietrich.

Von guten Mächten treu und still umgeben,
behütet und getröstet wunderbar,
so will ich diese Tage mit euch leben
und mit euch gehen in ein neues Jahr.

Noch will das alte unsre Herzen quälen,
noch drückt uns böser Tage schwere Last,
ach, Herr, gib unsern aufgescheuchten Seelen
das Heil, für das Du uns bereitet hast.

Und reichst Du uns den schweren Kelch, den bittern
des Leids, gefüllt bis an den höchsten Rand,
so nehmen wir ihn dankbar ohne Zittern
aus Deiner guten und geliebten Hand.

Doch willst Du uns noch einmal Freude schenken
an dieser Welt und ihrer Sonne Glanz,
dann wollen wir des Vergangenen gedenken,
und dann gehört Dir unser Leben ganz.

Laß warm und still die Kerzen heute flammen,
die Du in unsre Dunkelheit gebracht,
führ, wenn es sein kann, wieder uns zusammen.
Wir wissen es, Dein Licht scheint in der Nacht.

Wenn sich die Stille nun tief um uns breitet,
so laß uns hören jenen vollen Klang
der Welt, die unsichtbar sich um uns weitet,
all Deiner Kinder hohen Lobgesang.

Von guten Mächten wunderbar geborgen,
erwarten wir getrost, was kommen mag.
Gott ist mit uns am Abend und am Morgen
und ganz gewiß an jedem neuen Tag.

Widerstand und Ergebung, 435 f.

Ratschläge zum Weiterlesen

„Einlesebuch“ – so hat bei den Vorerwägungen zur Wahl des Titels ein Interessierter den Vorschlag verstanden; irrtümlich, aber durchaus zutreffend. Ein Einlesebuch möchte diese Auswahl in der Tat sein. Keine noch so sorgfältige Auswahl kann eine umfassende Beschäftigung mit Bonhoeffers Schrifttum ersetzen. Weil der Zugang zum Gesamtwerk bei der großen Unterschiedlichkeit des hinterlassenen Materials nicht einfach ist, seien einige Hinweise erlaubt.

Unverzichtbar ist vor allem anderen die Lektüre einer *Biographie*. Wenn es nicht die große von Eberhard Bethge (Chr. Kaiser Verlag) sein kann – ein „Jahrhundertwerk“, wie kompetente Rezensenten sie beim Erscheinen nannten –, dann die gleichfalls von Bethge verfaßte Kurzbiographie aus dem Rowohlt-Verlag.

Den leichtesten Zugang zu Bonhoeffer öffnet die Sammlung der Briefe aus dem Gefängnis, *Widerstand und Ergebung*. Sie liegen in zwei Fassungen vor, gekürzt in den Gütersloher Taschenbüchern und in der großen Ausgabe unter dem Kürzel WEN (Chr. Kaiser Verlag). Von allen Veröffentlichungen hat *Widerstand und Ergebung* die meisten Leser ganz unmittelbar angesprochen und tut dies bis zur Stunde.

Leicht lesbar ist die kleine Schrift *Gemeinsames Leben* (Chr. Kaiser Verlag). Sie ist zwar im Blick auf einen ganz bestimmten Personenkreis für einen ganz bestimmten Zweck verfaßt. Aber sie enthält so viel Allgemeingültiges, daß jeder Leser sich durch sie beschenkt weiß.

Bonhoeffers Auslegung der Bergpredigt *Nachfolge* ist der Versuch, die Frage zu beantworten, ob die Bergpredigt Richtschnur für unser Leben sein kann.

Bonhoeffers Fragmente zur *Ethik* (Chr. Kaiser Verlag) haben im Laufe der Jahre eine immer größere Bedeutung gewonnen. Sie wird sich mit Sicherheit noch steigern. Bonhoeffer selbst sah in der Abfassung einer Ethik seine eigentliche Lebensaufgabe.

Der wertvollste Schlüssel zu den Ethik-Fragmenten ist der Essay: „Nach zehn Jahren“, enthalten in diesem Lesebuch.
Die schöne Interpretation der Gedichte Bonhoeffers von J. Chr. Hampe mit dem Titel *Von guten Mächten* führt in ihrer Weise auch in das Ganze ein (Kaiser-Traktate).
Das *Bonhoeffer-Brevier* (Chr. Kaiser Verlag) bringt für jeden Tag des Jahres einen kurzen Abschnitt. Meist sind sie zu größeren Zusammenhängen geordnet.
Christian Gremmels und Hans Pfeifer haben unter dem Titel *Theologie und Biographie – Zum Beispiel Dietrich Bonhoeffer* im Chr. Kaiser Verlag ein Arbeitsbuch herausgegeben, das den gerade für ein Bonhoeffer-Verständnis so wichtigen Zusammenhang von Leben und Denken aufzeigt. Es ist besonders für Religionsunterricht, Studium und Erwachsenenbildung gedacht.
Im Herbst 1985 erscheint im Chr. Kaiser Verlag der von Renate und Eberhard Bethge in Zusammenarbeit mit Christian Gremmels herausgegebene *Dietrich Bonhoeffer-Bildband*. Er enthält über 400 zum größten Teil bisher unveröffentlichte Bilder und schließt eine seit langem empfundene Lücke.
Schließlich sei empfehlend auf den Dietrich-Bonhoeffer-Film *Nachfolge und Kreuz, Widerstand und Galgen* von Hans Joachim Dörger und Christian Gremmels hingewiesen. Dieser Film wurde 1983 vom Hessischen Rundfunk gedreht und von der ARD im ersten Programm gesendet. Der Calwer Verlag Stuttgart hat die Rechte für Verleih und Aufführungen erworben. Das *Lesebuch* empfiehlt sich auch als Begleitmaterial zu diesem Film.
Wer sich einen Überblick über das Gesamtwerk verschaffen will, dem sei die vierbändige *Bonhoeffer-Auswahl* empfohlen (Gütersloher Taschenbücher).
Das Gesamtwerk Dietrich Bonhoeffers (DBW) in 16 Bänden erscheint im Laufe der nächsten Jahre in einer neuen Ausgabe. Der Chr. Kaiser Verlag informiert Interessenten ausführlich über dieses Projekt.

A. M. Klaus Müller hat es schon vor Jahren zum Ausdruck gebracht: Die Krise des Fortschritts ist eine Krise der Fortschrittsvernunft selber. In den hier vorliegenden Analysen treibt Müller die Aufklärung über die Aufklärung weiter voran. Nicht im Sinne von Wissenschaftsfeindlichkeit, – wie käme er auch als Physiker dazu.
Wird es gelingen, die tödliche Schizophrenie neuzeitlicher Fortschrittlichkeit rechtzeitig zu unterbinden? A. M. Klaus Müller macht uns deutlich, daß es mit vorschnellen Abwehrmaßnahmen (ein bißchen Umweltschutz in Staat, Gesellschaft und Kirche) nicht getan sein wird. Ein Umdenken in der Tiefe der Grundsätze ist vonnöten, und Müller liefert uns erste Richtungshinweise für diesen Weg ins Unbekannte.

Günther Altner

A. M. Klaus Müller, Erfahrungen der Grenze. Über die Herausforderungen am Ende der Neuzeit (Kaiser Traktate 87) 87 Seiten, Kt.,
ISBN 3-459-01599-3

Dietrich Bonhoeffers Leben und Zeugnis macht immer wieder auf neue Weise von sich reden. Dieser Essay gewinnt einen ungewöhnlichen Zugang durch Vergleiche mit der spanischen Mystik, insbesondere mit Theresa von Avila.
„Wirf dein Herz nach vorn hin über alle Grenzen!" – in diesem Motto sieht der Autor eigentümliche Gemeinsamkeiten, denen er mit tiefgründigen Gedanken über „Wahnsinn" und „Spiel" im beiderseitigen Lebenszusammenhang nachgeht. Dabei spannt sich der Bogen zwischen den Reflexionen des jungen Bonhoeffer über den „Augenblick der Wahrheit" beim spanischen Stierkampf bis zu den Bedeutsamkeiten seiner letzten Jahre, in denen er eine begnadete Hellsichtigkeit erlangt und sein Leben wahrhaftig aufs Spiel gesetzt hat.

Ferdinand Schlingensiepen, Im Augenblick der Wahrheit. Glaube und Tat im Leben Dietrich Bonhoeffers (Kaiser Traktate 88) 48 Seiten, Kt.,
ISBN 3-459-01600-0

Kaiser Traktate
Kaiser Traktate
Kaiser Traktate